“十四五”职业教育国家规划教材

供助产专业使用

母婴保健

（第二版）

主　编　王瑞珍

副主编　段慧琴　黄爱松

编　者　（按姓氏汉语拼音排序）

段慧琴　阳泉市卫生学校

黄爱松　玉林市卫生学校

金玲芬　昆明卫生职业学院

陆　雯　梧州职业学院

茹健萍　长治卫生学校

王瑞珍　梧州市卫生学校

科学出版社

北　京

内 容 简 介

本教材根据中等卫生职业学校学生的特点和护士执业资格考试新大纲的要求，以链接的方式引入相关知识，开阔学生的视野和增加教材的趣味性，教材中插有丰富的图片，可帮助学生理解所学内容；每章内容均有典型的案例、考点和自测题，可培养学生母婴保健的临床思维能力、利于学生进行学科知识的自我评估，提高学生的应考能力；大量的数字化资源在科学出版社"爱医课"互动教学平台同步上线，互动课程供师生免费使用；配有制作精美的PPT课件供教学使用。

本教材供中等卫生职业教育助产专业教学使用。

图书在版编目 (CIP) 数据

母婴保健 / 王瑞珍主编 . —2 版 . —北京：科学出版社，2017.1
"十四五"职业教育国家规划教材
ISBN 978-7-03-050783-9
Ⅰ. 母… Ⅱ. 王… Ⅲ. 妇幼保健－中等专业学校－教材 Ⅳ. R17
中国版本图书馆 CIP 数据核字（2016）第 283869 号

责任编辑：张映桥 / 责任校对：何艳萍
责任印制：赵 博 / 封面设计：张佩战

科学出版社 出版
北京东黄城根北街 16 号
邮政编码：100717
http://www.sciencep.com
中煤（北京）印务有限公司印刷
科学出版社发行 各地新华书店经销
*
2012 年 5 月第 一 版 开本：787×1092 1/16
2017 年 1 月第 二 版 印张：8 3/4
2025 年 1 月第十一次印刷 字数：207 000

定价：32.00 元
（如有印装质量问题，我社负责调换）

中等职业教育数字化课程建设项目
教材出版说明

为贯彻《国家中长期教育改革和发展规划纲要（2010—2020）》、《教育信息化十年发展规划（2011—2020）》等文件精神，落实教育部最新《中等职业学校专业教学标准（试行）》要求；为调动广大教师参与数字化课程建设，提高其数字化内容创作和运用能力，结合最新数字化技术促进职业教育发展，科学出版社于2015年9月正式启动了中等职业教育护理、助产专业数字化课程建设项目。

科学出版社前身是1930年成立于上海的龙门联合书局，1954年，龙门联合书局与中国科学院编译局合并组建成立科学出版社，现隶属中国科学院，员工达1200余名，其中硕士研究生及以上学历者627人（截至2016年7月1日），是我国最大的综合性科技出版机构。依托中国科学院的强大技术支持，我社于2015年推出最新研发成果："爱医课"互动教学平台（见封底）。该平台可将教学中的重点内容以视频、语音及三维模型等方式呈现，学生用手机扫描常规书页即可免费浏览书中配套3D模型、动画、视频、护考模拟试题等教学资源。

本项目分数字化教材建设与资源建设两部分。数字化课程建设项目与"爱医课"互动教学平台进行的首次有益结合而成的教材，是我国中等职业层次首套数字化创新教材。2015年10月开展了建设团队的全国遴选工作，共收到全国62所院校575位老师的申请资料，于2016年1月在湖北武汉召开了项目启动会及教材编写会。

（一）数字化教材的编写指导思想

本次编写充分体现了职业教育特色，紧紧围绕"以就业为导向，以能力为本位，以发展技能为核心"的职业教育培养理念，遵循"理论联系实际"的原则，强调"必需、够用"的编写标准，以数字化课程建设为方向，以创新教材为呈现形式。

（二）本套数字化教材的特点

1. 按照专业教学标准安排课程结构　本套数字化教材严格按照专业教学标准的要求设计科目、安排课程。全套教材分公共基础课、专业技能课、专业选修课及综合实训四类，共计39种，体系完整。

2. 紧扣最新护考大纲调整内容　本套系列教材参考了"国家护士执业资格考试大纲"的相关标准，围绕考试内容调整学习范围，突出考点与难点，方便学生的在校日常学习与护考接轨，适应护理职业岗位需求。

3. 呈现形式新颖　"数字化"是未来教育的发展方向，本项目39种教材均将传统纸质教材与"爱医课"教学平台无缝对接，形式新颖。它能充分吸引职业院校学生的学习兴趣，提高课堂教学效果。使学生用"碎片化时间"学习，寓教于乐，乐中识记、乐中理解、乐中运用，为翻转课堂提供了有效的实现手段。

（三）本项目出版教材目录

本项目经中国科学院、科学出版社领导的大力支持，获年度重大项目立项。39种教材具体情况如下：

中等职业教育数字化课程配套创新教材目录

序号	教材名	主编	书号
1	《语文》	孙 琳 王 斌	978-7-03-048363-8
2	《数学》	赵 明	978-7-03-048206-8
3	《公共英语基础教程（上册）》（双色）	秦博文	978-7-03-048366-9
4	《公共英语基础教程（下册）》（双色）	秦博文	978-7-03-048367-6
5	《体育与健康》	张洪建	978-7-03-048361-4
6	《计算机应用基础》（全彩）	施宏伟	978-7-03-048208-2
7	《计算机应用基础实训指导》	施宏伟	978-7-03-048365-2
8	《职业生涯规划》	范永丽 汪 冰	978-7-03-048362-1
9	《职业道德与法律》	许练光	978-7-03-050751-8
10	《人际沟通》（第四版，全彩）	钟 海 莫丽平	978-7-03-049938-7
11	《医护礼仪与形体训练》（全彩）	王 颖	978-7-03-048207-5
12	《医用化学基础》（双色）	李湘苏 姚光军	978-7-03-048553-3
13	《生理学基础》（双色）	陈桃荣 宁 华	978-7-03-048552-6
14	《生物化学基础》（双色）	赵勋蘼 王 懿 莫小卫	978-7-03-050956-7
15	《医学遗传学基础》（第四版，双色）	赵 斌 王 宇	978-7-03-048364-5
16	《病原生物与免疫学基础》（第四版，全彩）	刘建红 王 玲	978-7-03-050887-4
17	《解剖学基础》（第二版，全彩）	刘东方 黄嫦斌	978-7-03-050971-0
18	《病理学基础》（第四版，全彩）	贺平泽	978-7-03-050028-1
19	《药物学基础》（第四版）	赵彩珍 郭淑芳	978-7-03-050993-2
20	《正常人体学基础》（第四版，全彩）	王之一覃庆河	978-7-03-050908-6
21	《营养与膳食》（第三版，双色）	魏玉秋 戚 林	978-7-03-050886-7
22	《健康评估》（第四版，全彩）	罗卫群 崔 燕	978-7-03-050825-6
23	《内科护理》（第二版）	崔效忠	978-7-03-050885-0
24	《外科护理》（第二版）	闵晓松 阴 俊	978-7-03-050894-2
25	《妇产科护理》（第二版）	周 清 刘丽萍	978-7-03-048798-8
26	《儿科护理》（第二版）	段慧琴 田 洁	978-7-03-050959-8
27	《护理学基础》（第四版，全彩）	付能荣 吴姣鱼	978-7-03-050973-4
28	《护理技术综合实训》（第三版）	马树平 唐淑珍	978-7-03-050890-4
29	《社区护理》（第四版）	王永军 刘 蔚	978-7-03-050972-7
30	《老年护理》（第二版）	史俊萍	978-7-03-050892-8
31	《五官科护理》（第二版）	郭金兰	978-7-03-050893-5
32	《心理与精神护理》（双色）	张小燕	978-7-03-048720-9
33	《中医护理基础》（第四版，双色）	马秋平	978-7-03-050891-1
34	《急救护理技术》（第三版）	贾丽萍 王海平	978-7-03-048716-2
35	《中医学基础》（第四版，双色）	伍利民 郝志红	978-7-03-050884-3
36	《母婴保健》（助产，第二版）	王瑞珍	978-7-03-050783-9
37	《产科学及护理》（助产，第二版）	李 俭 颜丽青	978-7-03-050909-3
38	《妇科护理》（助产，第二版）	张庆桂	978-7-03-050895-9
39	《遗传与优生》（助产，第二版，双色）	潘凯元 张晓玲	978-7-03-050814-0

注：以上教材均配套教学 PPT 课件，在“爱医课”平台上提供免费试题、微视频等多种资源，欢迎扫描封底二维码下载

科学出版社

2016 年 12 月

前　言

党的二十大报告指出“人民健康是民族昌盛和国家强盛的重要标志。把保障人民健康放在优先发展的战略位置，完善人民健康促进政策。”贯彻落实党的二十大决策部署，积极推动健康事业发展，离不开人才队伍建设。“培养造就大批德才兼备的高素质人才，是国家和民族长远发展大计。” 教材是教学内容的重要载体，是教学的重要依据、培养人才的重要保障。本次教材修订旨在贯彻党的二十大报告精神，坚持为党育人、为国育才。

随着经济的发展，社会文明程度的不断提高，我国母婴保健工作得到了很大的发展，如产后康复、婴儿早期教育等正在兴起和发展。母婴保健以人为中心，以家庭为单位，围绕提高出生人口素质和提高生命质量、生活质量形成母婴保健服务新目标。

根据母婴保健岗位需求，本教材注重培养学生做好母婴保健工作必备的基本理论、基本知识和基本技能。教材中详细介绍了母婴保健工作的范围、内容及重要性，我国母婴保健工作的专业组织和管理机构、母婴保健工作的现状和发展前景；系统阐述了母婴不同时期的生理、心理及社会特点，重点阐述了母婴不同时期的保健内容和措施；实训指导环节要求学生掌握实用性非常强的各种母婴保健技能；附有母婴保健工作的统计和评价指标及母婴保健的相关法律。本教材为学生以后在医院和社区卫生服务中心（站）从事母婴保健工作打下了坚实的基础。

教材在编写过程中，体现“以就业为导向，以能力为本位，以发展技能为核心”的职业教育培养理念，坚持以中等卫生职业教育的培养目标为导向，以职业技能培养为根本，强调教材的实用性、科学性与创新性，融入了学科的新知识、新观点和新技术，充分体现了母婴保健的特点，并把人性化的保健服务理论贯穿于教材中。

教材根据中等卫生职业学校学生的特点和护士执业资格考试新大纲的要求，以链接的方式引入相关知识，开阔学生的视野、增加教材的趣味性，教材中插有丰富的图片，可帮助学生理解所学内容；每章内容均有典型的案例、考点、链接和自测题，可培养学生母婴保健的临床思维能力，利于学生对学科知识的自我评估，提高学生的应考能力；大量的数字化资源在科学出版社“爱医课”互动教学平台同步上线，互动课程供师生免费使用；配有制作精美的PPT课件供教学使用。

本教材是中等卫生职业教育助产专业的必修课程，主要供中等卫生职业教育助产专业教学使用。

本教材在编写过程中，得到了各方面的大力支持，在此特致诚挚的谢意。本教材在编排与内容上，难免有不足之处，恳请使用本教材的师生和母婴保健工作者批评、指正。

王瑞珍

2023年7月

目　录

1

第1章 绪 论

母亲是伟大的，人类的胚胎和胎儿，要在母亲腹中孕育十个月；儿女的成长需要母亲的哺育教养；母亲又是脆弱的，她们在生理上需要保护，在心理上更需要关怀。新生命的诞生，给每个家庭带来了欢笑和愉悦，但是小婴儿稚嫩的躯体，更需要我们加倍呵护。对母婴这两个特殊的年龄阶段进行科学保健，将会提高全民族人口的健康素质。

第1节 母婴保健工作的范围、内容和重要性

一、工作范围和内容

（一）母婴保健的工作范围

母婴保健是针对妇女生育和婴儿生长的特殊生理时期进行的预防保健工作。母婴保健的工作范围是通过研究母婴各个时期的生理、心理、社会和行为特点，制订科学的保健措施和方法，给予母婴保健服务，以达到优生优育、促进母婴健康的目的。

（二）母婴保健的工作内容

1. 开展母婴保健健康知识教育 通过健康知识教育，普及优生优育的科学知识，提高孕产妇自我保健的意识和自我保健的能力。

2. 进行妊娠前期保健 对夫妻双方进行新婚避孕知识、计划生育和生育知识的教育。通过妊娠前期检查与鉴定，排除或治疗对妊娠有影响的各种疾病，指导妇女做好妊娠前期的身体、心理和物质准备。

3. 开展孕产期系统保健服务 为孕产妇建立保健卡，定期进行产前检查；监测胎儿宫内发育情况，及时进行产前诊断，防治孕产妇常见疾病；普及科学接生方法，开展人性化服务理念，为孕产妇提供全面的医疗保健服务，降低病残儿的出生率、围生儿死亡率和孕产妇死亡率。

4. 做好上门访视和母婴保健指导 通过定期的上门访视、保健指导，防治产褥期各种疾病，促进产妇康复；监测婴儿生长发育，进行科学喂养、疾病预防、促进智力发育等知识教育，按时完成预防接种，保证婴儿健康成长。

考点：母婴保健的工作范围和内容。

链接

全球首个"国际自我保健日"在中国启动

2011 年 7 月 24 日全球首个"国际自我保健日" 在北京中国国家会议中心率先启动。经世界自我药疗产业协会（WSMI）倡议，中国非处方药物协会（CNMA）联合中国医药卫生事业发展基金会、中国药学会、北京市健康促进工作委员会共同发起，设立每年7月24日

为“国际自我保健日”，意义在于提醒每个人：每周7天，每天24小时，时刻都应该关爱自己，不忘自我保健。

二、工作的重要性

1. 是提高民族人口素质的前提 做好母婴保健工作可以推进妇女生殖健康、提高人口出生质量；婴儿是民族振兴和发展的希望，是祖国的未来，保证婴儿的健康成长是母婴保健工作的重要任务。母婴保健工作的成效关系到中华全民族健康素质的提高。

2. 是家庭幸福与安宁、社会和谐与稳定的基石 健康小生命的诞生会给家庭带来幸福与快乐，是维持家庭稳定的核心。家庭是构成社会的基本单位，有了家庭的幸福、家庭成员的安康，才有社会的和谐与稳定。

3. 是我国卫生保健事业发展的体现，也是我国医学发展和社会文明与进步的标志 孕产妇死亡率与婴儿死亡率均可作为评价社会、经济状况的指标。孕产妇死亡率直接反映孕产妇保健质量的高低，婴儿死亡率可反映婴儿健康水平、妇幼保健、医疗服务的水平，两者与社会经济状况、生活环境有直接联系。

随着我国卫生事业的快速发展和人民生活水平的提高，人们对预防保健特别是母婴保健的需求越来越高，更多地关注孕产妇的身心健康和婴儿的健康成长，社会也积极推进优生优育工作，大力宣传和普及母婴保健知识，母婴保健事业得到很大发展（注：我国孕产妇死亡率2007年是36.6/10万，2010年是30.0/10万，2014年是21.7/10万。婴儿死亡率2007年是15.3‰，2010年是13.1‰，2014年是8.9‰）。发展母婴保健事业是我国医学发展和社会文明与进步的标志。

第2节　母婴保健工作的专业组织和管理机构

一、母婴保健工作的专业组织机构

1. 母婴保健工作的专业机构 经卫生行政部门批准并登记注册的各级妇幼保健机构及有关医疗保健机构是我国母婴保健工作的专业技术服务机构。妇幼保健院除了提供较高水平的母婴保健服务外，还负责本行政区域内母婴保健工作的监测和业务指导，其他医疗机构负责其职责范围内的母婴保健技术服务工作。从事母婴保健工作的专门机构受上级专业组织机构的业务指导。

2. 母婴保健网的三级机构 我国的母婴保健三级机构从下到上形成城乡三级妇幼保健网（即母婴保健网），其基本组成在城市为市、区、街道（社区）的妇幼保健机构及有关医疗保健机构，市妇幼保健机构即为母婴保健网的三级机构；在农村为县、乡、村三级妇幼保健机构及有关医疗保健机构。完善的母婴保健网承担城乡母婴保健的服务性工作，该三级保健网可以为母婴个体享有保健提供组织保证。

二、母婴保健工作的管理机构

1. 母婴保健工作的行政管理机构 各级卫生行政部门内的妇幼健康管理部门负责管理母婴保健工作，如国家卫生和计划生育委员会的妇幼健康服务司主管全国母婴保健工作，县级以上的该部门负责管理和协调所辖区内的母婴保健工作（图1-1）。

国家卫生和计划生育委员会妇幼健康服务司
↓
省、自治区、直辖市卫生和计划生育委员会妇幼健康服务处→省、自治区、直辖市妇幼保健院
↓
市卫生和计划生育委员会妇幼健康服务处→市妇幼保健院(所)
↓
区、县卫生和计划生育委员会妇幼健康服务科→区、县妇幼保健院(所)
↓
街道、乡社区卫生服务中心(站)

图 1-1　妇幼保健机构

考点：母婴保健工作的专业组织和管理机构。

2. 母婴保健工作的技术管理机构　该系统在行政管理系统领导与指导下，贯切实施行政管理系统制订的计划和规划，运用技术管理的方法，实行卫生保健服务的质量保证及控制。各级妇幼保健机构都有技术管理的职能。

第 3 节　母婴保健工作的现状和发展趋势

案例 1-1

某夫妇婚后已生育一个 4 岁的女儿，身体健康。现妻子怀孕 5 个月，夫妇俩希望第二胎是个儿子，通过熟人在某县级医院找A医生做B超检查以鉴定胎儿性别，得知胎儿为女胎。夫妇俩以不想要这个胎儿为由欲终止妊娠，后在相关工作人员的教育下放弃终止妊娠的想法。

问题：1. A 医生的行为合法吗?

2. A 医生的行为如果不合法，违反了哪条法律?

一、母婴保健工作的现状

1. 法律体系为母婴保健工作保驾护航　1995 年 6 月 1 日，《中华人民共和国母婴保健法》开始施行，这是新中国成立以来我国第一部母婴保健的专门法律，标志着我国的母婴保健走上了一个新的里程。之后原卫生部又颁布了《中华人民共和国母婴保健法实施办法》、《母婴保健监督处罚程序》，各省、市、自治区都制定出地方性《母婴保健条例》，实行母婴技术服务机构的审批许可制度和母婴保健人员的资格考核制度，逐步完善了法律体系，为母婴保健工作提供法律保护。

考点：母婴保健相关的法律。

资格考链接

《母婴保健法实施办法》规定，有以下哪种情形，医师应当对其进行产前诊断

A. 羊水过多或过少的

B. 胎儿发育异常或者胎儿有可疑畸形的

C. 初产妇年龄超过 35 周岁的

D. 有遗传病家族史或者曾经分娩过先天性严重缺陷婴儿的

E. 以上都是

分析：根据《母婴保健法实施办法》第二十条规定，A、B、C、D 项医师均要对其进行产前诊断，故选 E。

2. 服务内容的拓展 母婴保健已由医学保健拓展到心理、社会保健，由维护母婴的安全拓展到促进母婴健康，满足母婴的生理、心理和社会需求。母婴保健比过去更具科技含量，有多种先进的诊断测试手段和监控的仪器。民众获取保健知识的途径不再局限于传统的面对面讲授方式，计算机网络为母婴保健知识的普及搭建了新的平台，母婴保健网站不断诞生以满足大众对母婴保健知识的查询。孕妇学校为孕妇汲取保健知识、获得保健指导、接受保健训练、进行胎教等提供了方便条件。产后形体恢复、生殖整形、婴儿早期智力开发（图 1-2）等满足母婴个性化的保健需求；婴儿会馆使婴儿接受抚触、接受游泳训练等保健服务能够大力开展。

图 1-2　早教中心

链接

早期教育

早期教育简称早教，是开发婴幼儿潜能的教育，为孩子多元智能和健康人格等的培养打下良好的基础。婴幼儿时期是孩子神经系统发育最快、各种潜能开发最为关键的时期，早教是在婴儿最敏感、最能接受的时期所进行的事半功倍的适时教育。早期教育核心在于提供一个教育营养的科学而丰富的环境，对孩子的大脑发育和人格成长等进行“激活”。早教的主要服务对象是 0～6 岁的孩子及其父母和家人。其中，科学的早教以“体能、智能、心理能力三维平衡发展”理论为基础，提炼出孩子的九大成长目标：安全感、意志力、目标感、注意力、记忆力、思维能力、平衡、力量、速度。早教需要了解不同年龄段孩子的生理、心理特点，顺应孩子的发展规律进行相关的教育。

3. 服务模式的改变 陪伴分娩、自由体位分娩、分娩镇痛、水中分娩、温馨产房、月子套房等为产妇和新生儿提供专业化与人性化相结合的服务（图 1-3）。家庭病床、家庭健康档案、社区卫生服务等，都是以方便母婴保健为目标的服务方式。社区母婴保健知识的普及教育、母婴保健服务对象及其家属主动寻求母婴保健并积极配合、义工协助母婴保健工作的开展等，揭示母婴保健工作已为社会所认同并被广泛接纳。

图 1-3　温馨的月子套房

4. 服务质量的保障 我国目前在全国已形成了布局合理，能覆盖省 / 自治区、市、县到基层稳定的三级母婴保健网。母婴保健工作是一项技术性很强的工作，它直接关系公民的健康权、生育权和生命权。为此，国家投入大量人力和物力，开展母婴保健领域的教育和科学研究，培训各级母婴保健专业人员，不断推广新的母婴保健服务理念和技术。母婴保健工作受到各级政府重视，并纳入区域领域经济和社会发展计划，组织、协调、监督相关部门，使母婴保健工作有序进行。

5. 面临的问题与挑战 一是母婴保健在城乡、地区和人群之间存在明显差距，改善西部地区、农村地区以及流动人口中的母婴健康状况成为母婴保健工作的重点和难点。二是有的地区母婴保健体系建设滞后，服务网络不够健全，人才队伍整体素质有待提高。基层母婴保健服务能力不强，服务质量不高，尤其是贫困地区、边远山区和少数民族地区的母婴保健服务普及性差、利用不足。三是母婴健康问题依然突出。乳腺癌、宫颈癌和艾滋病、梅毒等重大疾病严重威胁着广大妇女的身心健康；早产、肺炎等仍是婴儿死亡的主要原因；随着婴儿死亡率的下降，出生缺陷作为公共卫生问题越来越凸显出来。四是投入不足，尚未建立稳定的母婴保健投入和补偿机制。

二、母婴保健工作的发展趋势

1. 开展以家庭为中心的母婴保健工作 母婴保健工作将以医院为中心的保健服务转向社区，落实到社区卫生服务中心（站）或乡镇卫生院及村卫生所，覆盖到偏僻的农村和面广量大的流动人口。社区卫生服务机构将成为母婴保健卫生服务的前沿阵地，整合家庭、社区卫生服务中心（站）、接产医疗机构力量来共同完成母婴保健服务。因此，母婴保健服务内容的触角会延伸到社区卫生服务中心（站），在社区服务中开展以家庭为中心的母婴保健工作，深入开展母婴保健各项服务内容，开展母婴健康教育与促进活动。建立社区卫生服务中心（站）与母婴保健机构的“双向转诊”机制，提高母婴保健的普及性和有效性。

2. 优化、深化母婴保健特色 母婴保健服务由防治疾病向促进健康发展，传统的、过于单一的母婴保健模式已经不能满足人们在母婴健康领域不断增长的需求。因此，必须从保证母婴安全向全面促进母婴健康过渡，突出母婴健康和生殖健康。母婴保健更趋于服务模式人性化，服务内容个性化，服务方法科学化。所以，新的母婴保健项目、方式、方法会不断出现。

3. 母婴保健机构发展的模式 妇幼保健机构主要有三种发展模式，即临床为主型、保健为主型和纯保健型。多数妇幼保健机构提供的母婴保健与临床相结合的服务，是典型的防治结合模式，其开展的医疗活动，是母婴保健服务的延伸。综合医院和妇女儿童专科医院服务范围正在向妇幼（母婴）保健方面拓展，涌现更多的集医疗、预防、保健为一体的现代化新型妇产医院（图1-4）。各妇幼保健机构根据区域内卫生资源情况、医疗需求情况及自身情况，选择符合自己实际的发展模式，自主确定发展方向。坚持保健与临床相结合的服务意识，创新性地开展服务，不断提升服务质量，满足母婴保健服务对象的需要。

图 1-4 集医疗、预防、保健为一体的现代化新型妇产医院

4. 母婴保健工作面临难得的国内和国际发展机遇 从国内情况看，深化医疗改革是全面加强妇幼卫生工作的重大机遇。2011 年 8 月国务院颁布实施了 2011 ～ 2020 年《中国妇女发展纲要》、《中国儿童发展纲要》，将妇女儿童健康作为保障民生的重要内容列入其中。从国际形势看，国际社会对妇幼健康的高度关注，为发展中国妇幼卫生事业创造了重要机

遇和良好氛围。2010 年 9 月联合国在千年发展目标高级别会议上启动了“妇幼健康全球战略”，改善全球妇女和儿童健康，减少孕产妇及 5 岁以下儿童死亡率，推动实现联合国千年发展目标，为母婴保健工作的发展提供了难得的机遇。

5. 加强国际交流与合作，推进母婴保健的发展 通过国际交流合作，互通信息，交流经验；学习、开发新技术与手段，使母婴保健工作与国际接轨，推进母婴保健工作的发展。

母婴保健工作正在我国大力开展并具有非常广阔的发展前景。

附：母婴保健工作的统计和评价指标

对母婴保健工作评价的主要目的是评判母婴保健工作的现状、进展、效果和效益。和其他评价一样，母婴保健评价也包括五个基本程序：说明目标、确立定义和测量标准、资料搜集、资料分析及结果报告。

对于评价工作来说，搜集足够可靠的资料是十分必要和重要的，由于母婴保健工作对象的覆盖面很广，在实际工作中难以做到对全体服务对象进行统计调查，常通过对相关资料进行收集、观察、统计、分析，来了解母婴保健工作的总体情况并做出评价。

母婴保健工作统计和评价的内涵很丰富，可根据不同的需要选用不同的指标体系。母婴保健工作指标体系包括：孕产妇保健工作指标体系、婴儿保健工作指标体系、计划生育工作指标体系、母婴卫生服务及管理工作指标体系四个方面内容，每个指标体系包括多项指标。母婴保健工作常用的指标有：

一、母婴保健工作统计指标

1. 婚前检查率（%）= 实际进行婚前检查妇女数 / 同期应进行婚前检查妇女数 ×100%
2. 孕产妇建卡率（%）＝期内孕产妇建卡产妇数 / 同期产妇总数 ×100%
3. 产前检查率（%）＝期内接受一次及以上产前检查产妇数 / 期内产妇总数 ×100%
4. 孕早期受检率（%）＝孕 12 周以内受检孕妇数 / 期内产妇总数 ×100%
5. 孕期并发症发生率（%）＝孕期发生并发症的孕妇数 / 期内分娩的产妇数 ×100%
6. 住院分娩率（%）＝期内住院分娩的产妇数 / 期内分娩的产妇数 ×100%
7. 高危住院分娩率（%）＝期内高危住院分娩的产妇数 / 期内高危产妇数 ×100%
8. 产后访视率（%）＝期内产后访视的产妇数 / 期内分娩的产妇数 ×100%
9. 产后检查率（%）＝期内产后检查的产妇数 / 期内分娩的产妇数 ×100%
10. 免疫接种建卡率（%）＝已建立免疫接种卡人数 / 应建立免疫接种卡人数 ×100%
11. 单项疫苗接种率（%）＝某疫苗接种人数 / 该疫苗应接种人数 ×100%

二、孕产期保健质量指标

1. 高危妊娠发生率（%）＝期内高危妊娠孕妇数 / 期内产妇数 ×100%
2. 妊娠期高血压疾病发生率（%）＝期内患病人数 / 期内产妇数 ×100%
3. 产后出血率（%）＝期内产后出血人数 / 期内产妇数 ×100%
4. 产褥期感染率（%）＝期内产褥期感染人数 / 期内产妇数 ×100%

三、母婴保健效果指标

1. 围生儿死亡率（‰）＝全年围生期死胎、死产数 + 出生 7 天内新生儿死亡数 / 全年围生期死胎、死产数＋活产数 ×1000‰。

2. 孕产妇死亡率（1/10 万）＝全年孕产妇死亡数 / 全年活产儿数 ×100 000 /10 万（注：孕产妇死亡率的分母是活产数，而不是孕产妇数。实际工作中很难得到孕产妇数，因为很难统计在妊娠第 8 周以前发生自然流产的孕妇，其比例相当高，所以用活产数代替孕产妇数，它比实际的分母小。如果活产的是双胞胎，则活产数记为 2，使活产数在一定程度上与实际孕产妇更接近。）

3. 新生儿死亡率（‰）＝全年新生儿死亡人数 / 全年活产数 ×1000‰

4. 婴儿死亡率（‰）＝全年婴儿死亡人数 / 全年活产数 ×1000‰

5. 低出生体重发生率（%）＝全年出生体重低于 2500g 的新生儿数 / 全年活产数 ×100%

6. 早产率（%）＝全年早产人数 / 同年产妇数 ×100%

小结

母婴保健是针对妇女生育和婴儿生长发育的特殊时期进行的预防保健工作。了解母婴生理、心理及社会、行为特点，给予人性化的关怀和帮助，应用科学的保健措施和方法，满足母婴的生理、心理和社会需求，是母婴保健工作人员的职责。开展母婴保健工作有专门的组织和管理机构；我国立有母婴保健的专门法律，是母婴保健的法律依据和法律保障；母婴保健工作正在我国大力开展并具有非常广阔的发展前景。

（王瑞珍）

自测题

A_1 型题

1. 母婴保健属于
   A. 基础医学范畴　B. 预防医学范畴
   C. 围生医学范畴　D. 全科医学范畴
   E. 临床医学范畴
2. 母婴保健工作是
   A. 以临床为中心　B. 以保健为基础
   C. 单学科参与　D. 阶段性保健工作
   E. 以保障和促进生殖健康为目的
3. 母婴保健工作的任务是
   A. 普及生育与育儿知识
   B. 进行孕前疾病的筛查与鉴定
   C. 开展系统的孕产期保健服务
   D. 产后访视和母婴保健指导
   E. 以上均是
4. 医学技术鉴定实行回避制度，下列哪一类关系可不回避
   A. 父母　B. 岳父母
   C. 兄妹　D. 祖父母
   E. 同学
5.《中华人民共和国母婴保健法》立法的目的是
   A. 保障母亲和婴儿的健康
   B. 控制人口数量
   C. 提高出生人口质量
   D. 加强妇幼卫生管理
   E. 加强监督管理
6. 根据《母婴保健法》规定，下列哪项不正确
   A. 除医学上确有需要外，严禁采用技术手段对胎儿进行性别鉴定
   B. 医师根据《母婴保健法》提出医学意见，当事人必须无条件执行
   C. 医师依法施行终止妊娠手术或者结扎手术需经当事人同意并签署意见
   D. 有产妇死亡及新生儿出生缺陷情况应向卫生

行政部门报告

E. 从事母婴保健工作的人员应当严格遵守职业道德，为当事人保守秘密

7. 母婴保健工作的行政机构是

A. 社团组织　B. 市妇幼保健院

C. 市级综合医院　D. 计划生育部门

E. 市卫生和计划生育委员会妇幼健康服务处

8. 关于孕产妇死亡率，下列说法正确的是

A. 发达国家死亡率高

B. 可用 % 来表示

C. 可直接反映孕产妇保健效果

D. 与社会经济状况无关、与生活环境有关

E. 多胎产妇孕产妇死亡率低

9. 母婴保健工作的业务指导机构是

A. 群团组织　B. 市妇幼保健院

C. 市卫生局妇幼保健处　D. 计划生育部门

E. 市级综合医院

A_2 型题

10. 某 B 超医生以营利为目的，为孕妇进行胎儿性别鉴定，应给予何种处罚

A. 警告　B. 责令停止违法行为

C. 罚款 2 万元　D. 行政处分

E. 由卫生行政部门取消其执业资格

A_3/A_4 型题

（11 ～ 12 题共用题干）

母婴保健工作人员在孕妇学校为孕妇进行知识宣教，介绍我国母婴保健的相关法律。

11. 新中国成立以来我国第一部母婴保健的专门法律是

A.《中华人民共和国母婴保健法》

B.《母婴保健条例》

C.《中华人民共和国母婴保健法实施办法》

D.《母婴保健监督处罚程序》

E.《母婴保健专项技术服务标准》

12.《中华人民共和国母婴保健法》何时正式实施

A. 1994 年 6 月 1 日　B. 1994 年 10 月 27 日

C. 1995 年 1 月 1 日　D. 1995 年 6 月 1 日

E. 1995 年 10 月 27 日

2

第2章　妊娠前期保健

> 妊娠前期保健是通过评估和改善计划妊娠夫妇的健康状况，降低或消除导致出生缺陷等不良妊娠结局的危险因素，预防出生缺陷的发生，提高出生人口的素质。妊娠前期保健是孕期保健的前移，是生命开始阶段保健的重要内容，是优生工作的首要环节，应在妇女计划受孕前3～6个月开展。

第1节　妊娠前期的生理、心理及社会特点

一、妊娠前期的生理特点

妊娠前期妇女正常情况下处于生育期。健康女性的生育能力从14～15岁开始，到18～20岁基本成熟，约持续30年。受营养、环境等因素影响，生育年龄会向后延迟。

1. 神经内分泌系统调节功能完善　健康育龄妇女下丘脑-垂体-卵巢轴的调节功能正常，使机体神经-内分泌系统调节保持平衡，各系统器官生理功能协调正常，为妊娠奠定基础。

2. 身体发育成熟　妊娠前期是身体发育的旺盛时期，全身各系统器官都已发育成熟，并具有较强的生理功能，能承受妊娠给全身各系统器官增加的负担。

3. 生殖器官发育成熟，第二性征出现　卵巢发育成熟，出现周期性排卵并分泌性激素。在卵巢性激素的作用下，子宫内膜发生周期性变化，子宫颈、阴道也出现相应的周期性改变；乳房发育，骨盆变宽，表现出女性特有的体型，为妊娠做好准备。

二、妊娠前期的心理及社会特点

（一）心理特点

妊娠前期的妇女多处在事业和家庭的忙碌时期，工作上竞争激烈，生活上夫妻互相适应正处在磨合期。面对即将妊娠，妊娠前期的妇女可能会出现以下心理变化。

1. 自豪和幸福感　多数妇女对妊娠都有充分的心理准备，能够表现出积极的情绪，认为妊娠是一件喜悦和神圣的事情，憧憬小宝宝的到来将给家庭带来更多的喜庆和快乐，为此而自豪和充满幸福感。

2. 焦虑　少数妇女因迫切希望怀孕，但又迟迟未孕，可能会出现期待性焦虑和紧张情绪。

3. 情绪抑郁　极少数妇女因与丈夫或家庭其他成员在生育问题上有不同意见，表现出消极态度，没有积极性。

（二）社会特点

妊娠前期夫妻双方及家庭成员是否和睦、工作压力与紧张程度、家庭经济条件等因素

考点：妊娠前期的生理、心理及社会特点。

都会对妊娠造成影响。

第2节　妊娠前期保健的内容和措施

案例 2-1

王女士丈夫的外祖父母是近亲结婚，丈夫母亲的兄弟姐妹是正常的，但他母亲先天性耳聋，王女士丈夫和他的妹妹也很正常，王女士现在准备怀孕，前来咨询。

问题：1. 他们夫妇需要做哪些检查？

2. 外祖父母近亲结婚会影响丈夫和他妹妹的下一代吗？

一、妊娠前期保健的目的、意义

1. 充分做好妊娠前期的各项准备工作。
2. 消除周围环境中有害因素的影响，筛查遗传性疾病。
3. 认真做好妊娠计划，科学合理地安排受孕，利于优孕优生。

二、保健内容和措施

（一）检查与监测的内容

考点：妊娠前期开展孕前保健的时间。

准备怀孕的夫妇应该在妊娠前 3 ～ 6 个月到医疗机构或妇幼保健部门进行孕前检查，以排除不适宜妊娠或暂缓妊娠的因素，孕前保健指导流程见图 2-1。孕前检查的基本项目有：

1. 一般情况　询问准备妊娠夫妇和双方家庭成员的健康状况，重点了解与婚育有关的疾病史、孕产史、家族史、遗传病史、生活方式、饮食营养、职业状况及工作环境、心理社会状况、人际关系等。

2. 医学检查　通过医学检查，了解夫妻双方的基本健康状况，对有可能影响生育的疾病进行专项检查。

(1) 体格检查：进行常规项目检查，对夫妻双方生殖系统进行专科检查。检查中注意计算体重指数 (BMI)，BMI= 体重 (kg) / 身高 ^{2} (m^2)。注意身体发育情况，以及有无遗传性疾病、精神病、内分泌系统疾病、智力障碍等；乳房、声音、毛发分布等第二性征发育情况；内外生殖器官有无异常。

(2) 辅助检查：①必查项目：血常规、血型 (ABO 和 RH)、尿常规、血糖或尿糖、肝功能、肾功能、乙肝表面抗原、梅毒螺旋体、HIV 筛查、生殖道分泌物检查。②建议检查项目：心电图、胸部 X 线、妇科 B 超等，必要时进行激素测定和精液检查、宫颈癌筛查。

(3) 专项检查：对可能影响生育的其他疾病进行专项检查，确诊者进行治疗，以避免在疾病状态下妊娠而导致胎儿发育不良、畸形、流产、死亡，危及母体健康和生命安全。专项检查的疾病包括：严重遗传性疾病如珠蛋白生成障碍性贫血、染色体病等；传染性疾病如结核病；弓形体、风疹病毒、巨细胞病毒和单纯疱疹病毒感染；精神疾病；影响妊娠的其他疾病，如高血压、心脏病、甲状腺功能异常、糖尿病、免疫性疾病等。

考点：孕前检查的时间、内容。

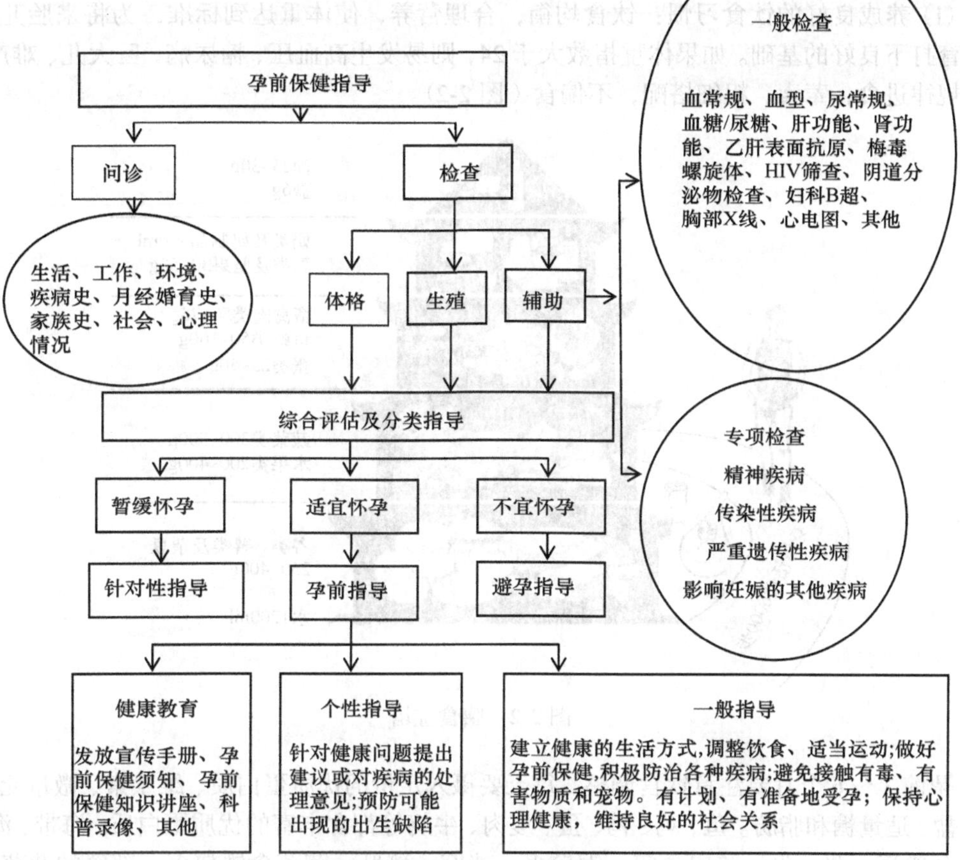

图 2-1　孕前保健指导流程

3. 监测排卵　通过测量基础体温，描记体温曲线，监测排卵情况，还可以通过观察、记录月经日期来推算排卵时间，必要时可行阴道超声检查，为科学安排受孕做好准备。

（二）生活及卫生保健指导

遵循普遍性指导和个性化指导相结合的原则，对计划妊娠的夫妇进行健康教育及指导，主要内容如下。

1. 制订妊娠计划，有准备、有计划地妊娠，选择良好的受孕时机

(1) 选择最佳生育年龄：最佳生育年龄为女性 25 岁～ 30 周岁，男性 25 岁～ 35 周岁。这个年龄段是生殖功能最旺盛的时期，生殖细胞质量好，受孕率高；工作基本稳定，有一定的经济基础和社会生活经验，怀孕生育的条件基本成熟。女性 35 岁、男性 40 岁以后，生殖功能开始减退，生殖细胞染色体畸变的可能性增加。女性 18 岁以前或 35 岁以后，妊娠危险因素会相对增加，难产或其他产科并发症发生率、病残儿出生率、围生儿死亡率均明显增加，不宜妊娠。

(2) 选择最佳受孕季节：最佳受孕季节为 7、8、9 月份，不易患流感及其他病毒感染，水果蔬菜比较丰富，对孕妇的营养补充和胎儿生长发育非常有利。预产期为第二年的 4、5、6 月份，气候温和，有利于产妇康复和婴儿护理；阳光充足，有利于婴儿的生长发育和骨

考点：最佳生育年龄，最佳受孕季节。

骼钙化。

2. 建立健康的生活方式

(1) 养成良好的饮食习惯：饮食均衡，合理营养，使体重达到标准，为将来胎儿的正常发育打下良好的基础。如果体重指数大于24，则易发生高血压、糖尿病、巨大儿、难产等。注意规律进食，荤素、粗细搭配，不偏食（图 2-2)。

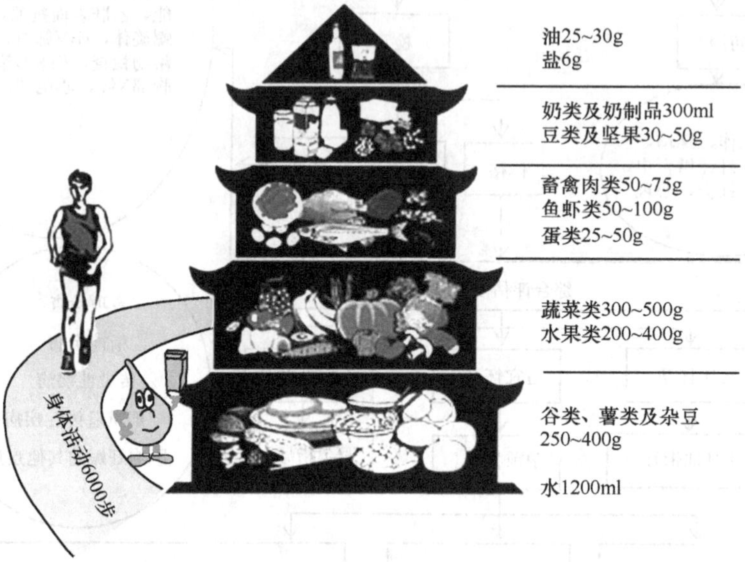

图 2-2　膳食宝塔

孕前 3 ～ 6 个月要注意饮食调整，每天要摄入足量的优质蛋白质、维生素、微量元素、无机盐、适量糖和脂肪。鱼、鸡、鸭、蛋、瘦肉、牛奶等都含丰富的优质蛋白质；海带、海蜇、紫菜含碘高；鸡、牛、羊肉含锌、铜较多；芝麻、猪肝、芹菜含铁较多；新鲜的蔬菜和水果富含维生素（图 2-3)。

图 2-3　新鲜的蔬菜和水果

考点：补充叶酸的好处。

叶酸是合成人体 DNA 的必需维生素，参与人体新陈代谢的全过程。要多吃含叶酸多的食物，如绿叶蔬菜、水果及动物肝脏，必要时从孕前 3 个月开始，补充叶酸 0.4 ～ 0.8mg/d，或补充含叶酸的复合维生素。既往孕育过神经管缺陷胎儿的孕妇则每天补充叶酸 4mg，可预防发生巨幼红细胞性贫血、胎儿神经管畸形、胎儿智力发育障碍等。

(2) 改变不良的生活习惯及生活方式：如吸烟、酗酒、吸毒等。要忌烟酒，主动和被动吸烟都会影响生殖细胞和胎儿生长发育，夫妻应在孕前至少 3 个月戒烟。酗酒会引起染色体畸变，导致流产、早产、死胎、胎儿畸形或智力低下等。吸毒者要戒毒后方可怀孕。

(3) 节制性生活：为保证精子的数量和质量，计划妊娠期间，适当减少性生活次数，增强体质，尽量在排卵期及其前后进行性生活，以保证成功受孕的概率。

(4) 避免接触宠物：猫、狗等宠物可传染弓形虫病，孕妇感染弓形虫后会导致流产、胎儿畸形和胎儿宫内发育迟缓，在计划受孕期间，应远离宠物。

(5) 休息与运动：要生活规律，按时作息，睡眠充足，适当运动。进行中等强度的有氧运动，如慢跑、快走、游泳、登山、骑脚踏车、有氧舞蹈等，每天锻炼时间为 30 ～ 40 分钟。运动时要补充足够的水，每天至少补充 1500 ～ 2000ml。补充碱性食物，运动产生的酸性代谢产物使肌肉关节酸胀，多吃水果、蔬菜等碱性食物能缓解运动后的疲劳，有利于健康。注意气候和环境变化，不要在烈日、狂风、雨雪等恶劣气候和不良空气质量环境中运动。

3. 调整避孕措施　决定计划受孕前应调整避孕措施，停用口服避孕药，取出宫内节育器，改用工具避孕，如避孕套避孕。一般停口服避孕药和取宫内节育器半年后再考虑受孕，以消除药物的影响和调整子宫内环境。

4. 其他　有遗传性疾病、慢性疾病和传染病而准备妊娠的妇女，应予以医学评估并指导。

链接

遗传咨询

遗传咨询是指咨询医师利用遗传学和临床医学的基本原理和技术，与咨询者就某种遗传病的发病原因、遗传方式、诊断、预防、治疗、再发风险等问题进行一系列的讨论和商谈，寻求最佳办法，给予婚姻、生育、治疗、预防等方面的医学指导。最重要的意义在于，它是在一个家庭范围内预防遗传病患儿出生的最有效方法，是对子代有发生遗传病潜在风险的夫妇进行医学遗传教育的过程。在临床遗传咨询中常见的咨询对象有：①家庭成员或儿童中具有遗传性疾病患者或先天畸形患者。②确定为遗传缺陷携带者的个体。③具有遗传性疾病家族史者。④有染色体畸变家族史者。⑤行为发育不正常的个体。⑥不明原因的智力低下个体。⑦ 35 岁以上的孕妇。⑧服用过药物或长期暴露于辐射和化学工业品环境中的个体。⑨近亲结婚的夫妇及后代。⑩原因不明的习惯性流产和不育个体等。

遗传咨询的步骤主要包括以下几点：①明确诊断。根据病史、临床表现及各种检验结果进行综合分析，做出肯定的诊断。②告知预测的再发风险率。不同类型遗传病的再发风险率不尽相同，此步骤是遗传咨询的核心内容。③提出非指令性医学建议。根据实际情况给咨询者提供切实可行的意见和可供选择的建议。如要解决的是婚姻与生育问题，给出的主要建议选择如下：①不能结婚。②暂缓结婚。③可以结婚。④限制结婚。⑤领养孩子。⑥人工授精。⑦试管婴儿等。

（三）心理调适与社会支持

1. 心理调适　妊娠过程中女性的心理因素具有双重作用，心理状态良好能促进妊娠健康发展，心理状态不好会影响受孕和妊娠过程。妊娠前期妇女一定要积极主动调适和改善不良情绪，保持心理健康，消除精神压力，预防孕期及产后心理问题的发生。

(1) 学习孕育知识：母婴保健专业人员可通过发资料、宣讲、指导自学等方法，帮助孕前妇女积极主动学习和掌握一些关于妊娠、分娩和胎儿生长发育的相关知识，了解受孕及妊娠过程中出现的生理现象，充分认识妊娠是妇女能够完成的生理过程，树立正确的生育观，端正对妊娠的态度，懂得胎儿性别的决定因素，消除心理负担，增强能够胜任妊娠分娩的信心，做好妊娠的各项准备。

(2) 指导受孕：指导妊娠前期妇女监测自己的排卵期，安排在排卵期及其前后进行性生活，可提高受孕成功率。对没有如期妊娠而焦虑者，多与其交流，指导其自我监测排卵期，必要时进行相关检测，消除其顾虑，树立其信心，把握受孕时间，增加受孕机会。

(3) 保持乐观情绪：孕前妇女要注意自己的心态，经常与丈夫和有孕育经验的人交流，向母婴保健相关人员咨询，消除不良情绪，以良好的心态迎接妊娠。

(4) 合理选择运动方式：孕前妇女要根据自身实际情况，选择适宜的户外体育运动，有利于调整紧张和焦虑的心态、促进血液循环和调节神经内分泌，有利于受孕和妊娠过程。

2. 社会支持 夫妻和谐是孕前最重要的心理支持。要创造温馨和谐的家庭环境，若受到较大的精神打击、家庭不和、工作或学习过于紧张疲劳，以及生活困难如居住拥挤、经济拮据时暂时不宜妊娠。

（四）避免接触生活及职业环境中的有毒有害物质

1. 理化因素 如放射线，有毒金属铅、汞、砷，化学物质苯、农药，物理因素高温、振动、电离辐射、噪声环境等，均可影响生殖细胞质量和身心健康，导致男性精子减少、活力下降、畸变，发生胎儿畸形。

2. 合理用药 避免使用抗癌药、麻醉剂、己烯雌酚、避孕药等，以免药物在母体内蓄积，影响胎儿发育。利血平、白消安等影响精子的发育。如果必须用药，应在医生指导下尽量用对胚胎无影响的药物。

考点：妊娠前期生活、工作中需要注意的问题。

3. 预防接种 孕前妇女可接种灭活疫苗，如乙肝疫苗、狂犬疫苗、乙脑疫苗，对胎儿无影响，可避免妊娠早期感染发病。破伤风抗毒素可以用。活疫苗如风疹疫苗、麻疹疫苗、甲肝疫苗等要特别注意，可导致胎儿神经损伤或畸形，如要接种，应在孕前3～9个月进行。

资格考链接

梅女士，家里养了2条狗和2只猫，现在备孕，该如何指导梅女士

A. 不宜与猫、狗等宠物亲密接触
B. 可以饲养鸟
C. 可以养猫
D. 可以养狗
E. 顺其自然

分析：猫、狗等宠物可传染弓形虫病，孕妇感染弓形虫后会导致流产、胎儿畸形和胎儿宫内发育迟缓，在计划受孕期间，应远离宠物，故选A。

（五）妊娠前期常见疾病的预防和保健

1. 营养性贫血 病因：①长期挑食、偏食、烹饪方法不当导致营养缺乏。②消化道疾病影响铁、叶酸和维生素 B_{12} 吸收。③慢性消化道出血性疾病、月经过多等慢性失血。

预防和保健：①纠正不良饮食习惯，合理膳食，营养均衡，多吃猪肝、动物血、豆类、黑木耳等含铁多的食物和新鲜蔬菜、瓜果、肉类等含叶酸多的食物。②改变烹饪方式，避免蔬菜中叶酸丢失。③积极治疗失血性疾病和消化道疾病。④补充铁、叶酸和维生素 B_{12}。

2. 乙型病毒性肝炎 病因：①与乙型病毒性肝炎患者密切接触感染。②输血、注射血

液制品感染。

预防和保健：①避免接触乙型病毒性肝炎患者的体液和血液。②注射乙肝疫苗。③检测乙型肝炎病毒血清标志物，定期复查。④患乙型病毒性肝炎的妇女坚持避孕，最好痊愈2年后再怀孕。

3. 阴道炎 病因：不注意性生活卫生、性生活频繁或阴道灌洗等，导致阴道黏膜损伤、阴道酸性环境破坏、病原体感染、夫妻交叉感染。

预防和保健：①注意外阴清洁和性生活卫生。②避免性生活过频。③避免不必要的阴道灌洗。④夫妻交叉感染者双方同时治疗。

4. 宫颈炎 病因：①性生活过早、过频或流产、分娩及人流术导致子宫颈损伤，病原体侵入引起。②不洁性生活、不良卫生习惯导致病原体感染。宫颈炎时其脓性分泌物不利于精子通过，可造成不孕。

预防和保健：①避免性生活过早、过频。②注意性生活卫生和外阴清洁。③避免手术损伤子宫颈。④避免夫妻双方交叉感染。

5. 子宫肌瘤 若肌瘤生长在宫腔内或子宫颈处，可导致不孕、流产，分娩时阻塞产道造成难产，最好先将肌瘤剔除后再妊娠。若肌瘤生长在浆膜下、直径在2cm以下可以妊娠。

考点： 妊娠前期常见疾病及其预防和保健。

小结

妊娠前期保健是通过评估和改善计划妊娠夫妇的健康状况，降低或消除导致出生缺陷等不良妊娠结局的危险因素，预防出生缺陷发生，提高出生人口素质。妊娠前期保健是优生工作的首要环节。了解妊娠前期妇女的生理、心理及社会特点，给予健康教育及指导，应用科学的保健措施和方法，满足妊娠前期妇女的生理、心理和社会需求，提高生殖细胞的质量和受孕成功率。

（金玲芬）

自测题

A_1 型题

1. 妊娠前医学检查严重的遗传性疾病是指
   A. 子代再发风险高的疾病
   B. 由于遗传丧失自主生活能力，子代再发风险高，不宜生育
   C. 高血压等遗传病
   D. 乙型肝炎
   E. 精神疾病

2. 妊娠前期生理变化不包括
   A. 全身各系统均已发育成熟
   B. 第二性征出现
   C. 子宫内膜出现周期性变化
   D. 卵巢停止排卵
   E. 神经内分泌系统调节功能完善

3. 妊娠前期妇女的心理变化不包括
   A. 认为妊娠是喜悦和神圣的事，为此而自豪
   B. 憧憬小宝宝的到来将给家庭带来喜庆和快乐，充满幸福感
   C. 迟迟未孕而出现期待性焦虑和紧张情绪
   D. 因内心矛盾，表现出消极态度
   E. 为即将妊娠而紧张、恐惧

4. 妊娠前期的保健目的不包括
   A. 充分做好妊娠前期的各项准备工作
   B. 进行妊娠期指导

C. 消除周围环境中有害因素的影响

D. 仔细筛查遗传性疾病

E. 认真做好妊娠计划，合理安排受孕

5. 最佳受孕季节为

A. 1 ～ 3 月份　B. 5 ～ 7 月份

C. 7 ～ 9 月份　D. 9 ～ 10 月份

E. 11 ～ 12 月份

6. 关于叶酸下列叙述错误的是

A. 不参与人体新陈代谢的全过程

B. 缺乏时可发生胎儿神经管畸形

C. 必要时从孕前三个月开始服用叶酸增补剂

D. 绿叶蔬菜、水果及动物肝脏中储存丰富

E. 是合成人体 DNA 的必需维生素

7. 关于孕前指导的叙述错误的是

A. 夫妻婚后准备要孩子，应向双方进行孕前指导

B. 家庭困难，住房拥挤不影响受孕妊娠

C. 有长期接触对胎儿有害物质的情况暂时不宜妊娠

D. 夫妻和谐是孕前最重要的心理支持

E. 受孕应在夫妻双方身心健康的情况下进行

A_2 型题

8. 万大妈，前来医院咨询女儿和女婿最佳的生育年龄，您可以告诉她是

A. 女性 18 ～ 30 周岁，男性 20 ～ 30 周岁

B. 女性 20 ～ 30 周岁，男性 22 ～ 35 周岁

C. 女性 22 ～ 30 周岁，男性 30 ～ 35 周岁

D. 女性 25 ～ 28 周岁，男性 30 ～ 35 周岁

E. 女性 25 ～ 30 周岁，男性 25 ～ 35 周岁

9. 张女士夫妇，结婚 1 年，计划半年后要孩子，下列妊娠前期避孕指导正确的是

A. 不用避孕套　B. 放置宫内节育器

C. 可用口服避孕药　D. 不用阴道隔膜

E. 口服避孕药者调整避孕措施半年后再考虑受孕

10. 李女士，35 岁，计划半年后怀孕，担心年纪较大来医院咨询，关于妊娠前期生活指导不正确的是

A. 养成良好的饮食习惯

B. 忌烟酒

C. 进行高强度的有氧运动

D. 适当节制性生活

E. 远离宠物

11. 小美，平时爱运动，结婚半年，计划 3 个月后要孩子，关于孕前体育运动叙述不正确的是

A. 根据自身实际情况进行适宜的户外运动

B. 可以在烈日、狂风、雨雪等环境中运动

C. 合理选择运动方式

D. 每天锻炼时间为 30 ～ 40 分钟

E. 补充碱性食物

12. 一对新婚夫妇准备怀孕，女方有急性乙肝，前来咨询，下列咨询方案最合适

A. 不能怀孕　B. 可以怀孕

C. 暂缓怀孕　D. 离婚

E. 治疗后怀孕

A_3/A_4 型题

（13 ～ 14 题共用题干）

王女士，结婚半年，身体健康，现在准备怀孕。王女士夫妇到妇幼保健部门或医疗机构进行孕前咨询和孕前检查。

13. 请问孕前检查的时间应该在孕前

A. 1 ～ 2 个月　B. 4 ～ 5 个月

C. 2 ～ 4 个月　D. 5 ～ 6 个月

E. 3 ～ 6 个月

14. 王女士夫妇检查与监测的内容不包括

A. 询问准备妊娠夫妇的健康状况

B. 进行常规身体检查

C. 对夫妻双方生殖系统进行专科检查

D. 对夫妻双方视力进行专科检查

E. 对可能影响生育的其他疾病进行专项检查

3

第3章 妊娠期保健

当卵子受精之时，一个神奇的新生命在母亲的子宫里孕育了！母亲开始了妊娠之旅。妊娠是一个奇妙的生理过程，孕妇承担着孕育胚胎和胎儿的重要使命，孕妇为完成使命，需要调动全身各器官、系统出现系列的生理变化以适应妊娠过程。如果孕妇的变化超出生理范围，就有可能转为病理过程，影响母儿健康，甚至危及母儿生命。如何才能让母儿安全度过妊娠期呢？妊娠期保健是通过采取综合措施，维护母儿健康，协助妇女顺利度过妊娠期。

第1节 早期妊娠保健

案例 3-1

朱女士，28岁，已婚。平素月经规律，周期30～32天，经期4～5天，末次月经日期是7月18日，现停经已有7周。该女士自诉晨起恶心、呕吐、乏力、纳差已8天，前来医院检查确定是否妊娠。

问题：1. 为明确诊断，朱女士应做什么检查？

2. 如朱女士确诊为早孕，你该如何为她做保健指导？

一、早期妊娠的生理、心理及社会特点

（一）早期妊娠孕妇的生理、心理及社会特点

1. 生理特点 早期妊娠（妊娠第13周末之前）孕妇全身各系统发生一系列的生理变化，最明显的是生殖系统的变化。

(1) 生殖系统：子宫变化最明显。妊娠后子宫逐渐增大、变软。阴道、子宫颈变软，充血呈紫蓝色。子宫峡部最软，双合诊检查时宫体与子宫颈似不相连，称黑加征（Hegar sign）。子宫颈黏液分泌量增多，较黏稠，形成碱性黏液栓，可防止病原侵入宫腔；阴道酸性度增加，能抑制致病菌生长，增强其自净作用。卵巢停止排卵，月经暂停。

(2) 乳房：妊娠早期乳房开始增大，孕妇自觉乳房胀痛。乳头乳晕着色增加；乳晕周围皮脂腺增生，出现深褐色结节，称为“蒙氏结节”。

(3) 血液循环系统：妊娠6～8周起血容量增加，血浆增加超过红细胞增加的程度，血液稀释，出现生理性贫血。血浆纤维蛋白原增高，血液呈高凝状态。

(4) 消化系统：妊娠约6周时孕妇常出现早孕反应，有恶心、呕吐、厌油腻、喜食酸物等表现，以早晨较为明显；也可出现胃部烧灼感、腹胀及便秘，早孕反应多于妊娠12周

考点：早期妊娠孕妇的生理特点。

消失。

(5) 泌尿系统：妊娠早期的子宫增大，但未超出盆腔，膀胱受压引起尿频。由于母、子的代谢产物增加，肾脏负担加重，肾血流量和肾小球滤过率增加，但肾小管对葡萄糖回吸收未相应增加，约15%孕妇可出现餐后妊娠期生理性糖尿。

资格考链接

患者，女性，27岁，已婚。既往月经规律，停经50天，近3天晨起呕吐、厌油食，伴轻度尿频。

1. 可能的诊断是

A. 早期妊娠　B. 膀胱炎　C. 病毒性肝炎　D. 继发性肝炎　E. 妊娠剧吐

2. 早孕反应消失的时间一般是妊娠

A. 6周　B. 8周　C. 10周　D. 12周　E. 16周

3. 对于孕妇出现尿频正确的处理措施是

A. 嘱孕妇保证充足的睡眠　B. 嘱孕妇多饮水　C. 给予抗感染药物口服

D. 给予抗利尿药物口服　E. 是妊娠期正常的生理变化，不必处理

分析：

1. 停经50天，出现早孕反应，增大的子宫压迫膀胱出现尿频，症状均符合早孕的临床特点，故选A。

2. 早孕反应一般出现时间是妊娠6周，消失时间是妊娠12周，故选D。

3. 尿频是早期妊娠正常的生理变化，故选E。

2. 心理特点

(1) 震惊：不管孕妇是否有心理准备，当被告知妊娠后，多数孕妇会感到震惊、兴奋和激动。

(2) 缺乏自信：多数孕妇确诊妊娠后会做出积极的情感反应，保持快乐的情绪，为自己将成为母亲而感到兴奋和满足。但初次妊娠的妇女由于没有妊娠经验，常认为自己未做好充分准备，担心不能应对以后的工作、学习、家庭生活、孩子抚养等问题，对自己缺乏自信心，尤其是意外受孕者更容易处于矛盾之中。

(3) 焦虑：因早孕反应会引起乏力、食欲减退、恶心、呕吐、头晕等不适感，加之保健意识的增强，部分孕妇会担心环境、职业等有害因素对胎儿的影响，为能否顺利完成妊娠及分娩而担忧。表现为情绪不稳定，常会为一些不顺心的小事而大发脾气，易激动、哭泣等。

(4) 渴望得到感情支持：妊娠早期虽然体型变化并不明显，但多数妇女对从未经历过的身体生理变化过度敏感，关注周围人对自己的态度和反应，可因为他人对自己的关心、重视不够而感到失落、委屈、抱怨，渴望获得情感支持，依赖性强，依赖他人的照顾和关怀。

(5) 内省：即将成为母亲的孕妇会经常反省自己过去与母亲的关系，常对母亲怀有内疚感，通过内省的心理活动形成对母亲角色责任的认识，这对于孕妇将来的角色转变是非常重要的。

3. 社会特点　丈夫对妊娠早期，尤其是早孕反应明显的孕妇，多会细心呵护，双方父母也会格外体贴、照顾，单位同事、朋友也会倍加关心、爱护，这会增加孕妇的依赖性和自我关注。如果缺少亲人的呵护与关爱，会加重孕妇的焦虑情绪；缺少社会和单位的支持，孕妇就业机会和工作的质量易受到影响，从而产生心理压力。

（二）早期妊娠胚胎和胎儿的生理特点

妊娠10周（受精后8周）内的人胚称为胚胎，是器官分化、形成的关键时期，也是致畸的高危期。自妊娠11周（受精第9周）起称为胎儿，是生长、成熟的时期。胚胎及胎儿发育特点：妊娠4周末，能辨认胚盘与体蒂；妊娠8周末，胚胎初具人形，心脏已形成；妊娠12周末，外生殖器已发育，部分可分辨性别。妊娠早期母体接触有毒、有害因素，可影响胚胎及胎儿的正常发育，引起畸胎、流产。

考点：早期妊娠胚胎及胎儿的生理特点。

二、早期妊娠的保健

（一）早期妊娠保健的目的、意义

1. 确定妊娠，为孕妇提供早期妊娠的心理支持、生活与卫生保健指导。
2. 避免接触有害物质，以保证胚胎和胎儿健康发育。
3. 预防和及时发现早期妊娠并发症并给予处理。
4. 做好卫生宣教工作，达到优生优育目的。

（二）早期妊娠的保健内容和措施

1. 检查与监测的内容

(1) 尽早确诊妊娠：既往月经规律的生育期妇女，出现停经时应首先考虑妊娠。临床上多用早早孕试纸检测停经妇女的尿液，如为阳性，结合临床表现可以诊断为妊娠。B型超声和彩色多普勒检查是诊断早期妊娠准确、快速的方法，最早于停经35日可见妊娠囊，妊娠6周时，可见到胚芽和原始心管搏动。超声检查可确定宫内妊娠，排除异位妊娠和滋养细胞疾病，并估计孕龄和筛查孕早期染色体疾病。彩色多普勒超声可帮助确诊早期妊娠、活胎。宫颈黏液检查和基础体温测定可帮助确定是否妊娠。尽早确定妊娠可以对胚胎进行保护，避免有害因素的影响。

考点：确诊早期妊娠的方法。

(2) 首次产前检查：产前检查是监测胎儿发育和宫内生长环境，监护孕妇各系统变化，促进健康教育与咨询，提高妊娠质量，减少出生缺陷的重要措施。首次产前检查在确诊妊娠后即进行，一般宜在6～8周为宜，包括建立妊娠期保健手册；详细询问病史，进行全身检查、产科检查及必要的辅助检查；评估妊娠期高危因素，判断是否适合继续妊娠；对夫妻双方有遗传病家族史或有异常分娩史者，还需进一步做遗传咨询及产前诊断；询问末次月经日期（LMP），推算预产期（EDC），并告知孕妇推算的预产期与实际分娩日期可能相差1～2周。

考点：首次产前检查时间，预产期的推算。

(3) 筛查高危孕妇：首次产前检查时要注意筛查高危孕妇，对高危孕妇要加强保健，不宜继续妊娠者应告知并及时终止妊娠。高危孕妇包括：年龄小于18岁或大于35岁、身高在145cm以下的孕妇；有异常孕产史，如复发性流产、畸胎、死胎、死产、难产的孕妇；有遗传病家族史或夫妇一方患遗传性疾病的孕妇；妊娠早期病毒感染、接触大量放射线、化学物质及服用对胎儿有致畸作用药物的孕妇；有心脏病、糖尿病、肾病、甲亢、系统性红斑狼疮、血液病、神经和精神疾病等妊娠合并症的孕妇；大量吸烟、饮酒、吸毒的孕妇。

(4) 胚胎及胎儿宫内情况监护：早期妊娠多通过B型超声直接观察胚胎及胎儿的生长发育情况。也可以用超声多普勒听诊胎心音监测胎儿。胚胎及胎儿死亡，孕妇早孕反应可突然消失，但早孕反应突然消失仅作为临床参考指标，不是确诊依据。

(5) 必查项目：血常规、尿常规、血型、肝功能、肾功能、空腹血糖、乙肝病毒表面抗原、梅毒螺旋体和HIV筛查、心电图等。

2. 生活与卫生保健指导

⑴ 营养与饮食保健指导：早期妊娠孕妇的妊娠反应明显，胚胎及胎儿需要的营养量并不多，不鼓励孕妇大量进食，强调膳食均衡，进食高热量、易消化、少添加（如防腐剂、人工色素、工业用盐等）、新鲜的食物，保证优质蛋白、多种维生素、微量元素等营养物质的摄入。

妊娠早期尤其应注意维生素 A 和叶酸的补充，动物肝脏、牛奶富含维生素 A，红、黄色果蔬中所含的胡萝卜素也可在体内转变为维生素 A。孕妇缺乏维生素 A 可导致夜盲、贫血、早产，胎儿可致唇裂、腭裂、小头畸形等。维生素 A 又称为视黄醇，每日膳食中孕妇应补充维生素 A 1000 μg。妊娠早期叶酸缺乏，对胎儿的发育影响较大，可导致胎儿神经管畸形。叶酸的重要来源是谷类食品。在妊娠前 3 个月最好每天口服叶酸 5mg。维生素 C 为形成骨骼、牙齿、结缔组织所必需。孕妇每日膳食中维生素 C 供应量为 80mg。多吃新鲜水果和蔬菜，建议口服维生素 C 200mg，每日 3 次。

整个妊娠期还要注意补碘，缺碘可导致胎儿先天性甲状腺功能减低（俗称呆小病）和神经系统发育不良。孕妇每日膳食中碘的供给量为 175 μg。碘主要来源于海产品和加碘食盐，目前国内加碘食盐已能补充妊娠期所需的碘量，尤其是沿海城市，无需过多食用含碘食物。

呕吐严重的孕妇会引起水、电解质和酸碱平衡紊乱，应到医院检查与治疗。

监测孕妇体重，较理想的增长速度是妊娠早期共增长 1 ～ 2kg。

⑵ 休息与活动：早期妊娠时孕妇每日应保持 8 ～ 9 小时睡眠，午休 1 小时。注意保持室内空气流通，避免去拥挤、空气流动不佳的场所，如商场、影院、列车车厢等。早孕妇女不主张外出长途旅行。一般可正常工作和做家务，但不宜进行重体力劳动及剧烈运动，避免频繁的弯腰及下蹲等动作。

适量运动可改善孕妇的心肺功能，促进消化、吸收功能，促进血液循环，有利于胎儿的生长发育。宜选择轻松、缓慢的运动方式，如散步、做孕妇保健操、练习瑜伽、骑自行车等。运动时间以每天 30 ～ 40 分钟、运动时脉搏不超过 140 次 / 分为宜。

⑶ 卫生保健指导：妊娠早期急性感染可导致流产、畸胎，使用抗生素有可能影响胎儿的器官分化引起畸形，所以孕早期要特别注意个人卫生，避免感染。坚持进食后用软毛牙刷刷牙、及时修补龋齿；勤洗澡，以淋浴为宜，勤换内衣，保持外阴清洁。避免接触宠物，猫、狗感染弓形虫后可通过唾液及粪便传播给孕妇，影响胎儿脑、眼发育或导致胎儿畸形、流产。

⑷ 性生活指导：妊娠 12 周内禁止性生活。以免诱发子宫收缩导致流产，同时也能减少生殖系统的感染可能性。

⑸ 衣着指导：孕期着装应宽大、柔软，以棉质为宜。不宜穿紧身衣、裤袜，以免影响胎儿发育及孕妇的血液循环。孕妇不能束胸，可选择舒适、合身、能承托乳房的胸罩，防止乳房下垂。不穿高跟鞋，以防摔伤导致流产。孕期以穿松软、合脚、后跟高度为 2 ～ 3cm 的低跟或坡跟鞋为宜，若孕妇行走、坐、立，采取正确姿势，可以减轻不适症状。

⑹ 避免有害因素影响：烟酒、噪声、放射线、电离辐射、微波等有害因素可影响胚胎和胎儿的生长发育，甚至导致胎儿畸形或死胎。

孕妇主动或被动吸烟均可影响胎儿，烟草中的有毒物质，如尼古丁、氢氰酸、一氧化碳、二氧化碳、吡啶、芳香族化合物和焦油等，严重危害胎儿的健康，可引起宫内发育障碍，出现唇裂、腭裂、痴呆、先天性心脏病、低体重儿，发生流产、早产和死胎等。

孕妇吸毒，可通过胎盘传给胎儿，即出现“胎儿吸毒”，出生后可出现新生儿戒断综合征。

孕妇酗酒可导致胎儿酒精中毒综合征，造成胎儿在宫内与出生后生长发育的障碍，其主要临床特征为患儿智力低下，体格小，特殊面容和多种畸形。

避免生活或工作在噪声环境中，少使用微波炉；看电视、使用电脑和手机的时间不宜太长；避免在工作中接触各种射线发生器、加速器、高压电子管、电子速焊机、彩色显像管等。上述有害因素接触的种类、持续时间和接触量的不同，会对胎儿产生不同程度的影响。

就诊时要告知医护人员自己是孕妇，以避免接受X线照射、放射性核素检查。

(7) 用药与预防接种指导：妊娠12周内尽量避免可能影响胎儿正常发育的药物，不接触农药、家用杀虫剂。若病情需要用药时，在医师指导下合理用药，应选择对胚胎、胎儿无损害，对治疗孕妇疾病有效、副作用少的药物，严格掌握用药量和用药时间。不宜服用保健品、补药、减肥药，有的中药也有一定的毒性反应，有可能对胎儿造成损害。

链接

药物ABCDX等级对胎儿的影响

美国食品药品监督管理局（FDA）根据药物对胎儿的危害性差别，将抗菌药物分为ABCDX五个级别：①A级。临床研究无法证实对胎儿有危害的药物。②B级。动物实验对胎儿无危害，但无临床研究证实，可在医师观察下使用。③C级。动物研究中对胎儿有副作用，只在药物对孕妇的益处大于对胎儿的危害时方可使用。④D级。对胎儿肯定有危害，只在孕妇有生命威胁或患有严重疾病，且使用其他药物无效时使用。⑤X级。动物实验及临床研究对胎儿可致畸形或严重的不良后果，妊娠期禁止使用。医药界至今尚无A级抗菌药物，妊娠期推荐使用B级抗生素，如青霉素类、头孢菌素类、红霉素、克林霉素等；慎用C级抗菌药物，如氯霉素、妥布霉素、庆大霉素等；不用D级抗菌药物，如链霉素、卡那霉素、四环素等。

妊娠早期应尽量避免接种任何疫苗，但孕妇在需要的时候可接受必要的预防接种，如乙型肝炎疫苗、狂犬病疫苗、破伤风类毒素等；孕妇接种风疹、麻疹、腮腺炎、水痘、口服脊髓灰质炎疫苗等减毒活疫苗和百日咳疫苗，可能会危及胎儿，引起流产或早产，所以最好在未怀孕时进行接种。对已接种风疹疫苗的妇女，要严格避孕3个月以上方能受孕。妊娠早期感染甲型流感病毒可能引起胎儿先天畸形发生率增高，处于高危流感病毒状态的妊娠妇女接种流感灭活疫苗可以保护婴儿出生后数月内免受流感病毒感染。

3. 心理调适 从计划妊娠到确诊妊娠，再到经历早期妊娠的不适感，要做好孕妇心理上的调适工作，让孕妇解除精神压力，保持愉快、放松的心情，不仅有利于孕妇的生理心理健康，可以预防或减少妊娠期及产后心理问题的发生，对于胎儿的健康发育也是有利的。

(1) 树立信心：绝大多数妇女都具有独立完成妊娠、分娩的能力，即使出现骨盆狭窄、骨盆畸形等异常情况，现代医疗技术也能采用有效措施，最大限度地保证母婴安全。只要妊娠期营养均衡、不吸烟喝酒、未受病毒感染、不滥用药物，就不易发生胎儿畸形或异常妊娠等病理情况。让孕妇参加孕妇学校（图3-1）的学习，指导孕妇学习妊娠有关知识，增加对妊娠生理的了解，增强顺利完成妊娠的信心。

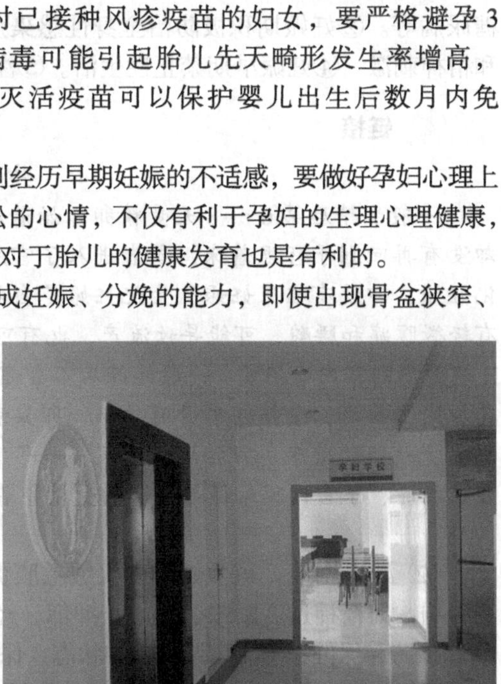

图3-1 孕妇学校

(2) 接受妊娠现实，做好角色转变：孕妇在体验妊娠的生理变化和早孕反应的不适感中，会逐渐由确诊妊娠时的惊讶、震惊转为接受妊娠现实。此时要鼓励孕妇放松思想、正确认识和勇敢面对妊娠，处理好妊娠与工作、生活的关系，准备好承担母亲的责任，做好转变角色，享受妊娠带来的喜悦感，学会自强自立，不过于依赖他人，积极消除紧张、焦虑情绪，以愉快的心情完成整个妊娠过程。

(3) 稳定情绪：孕妇早孕时表现为情绪不稳定，感情易发生转移，常使其丈夫感到无所适从、焦虑不安。孕妇要在关注自己的同时，也应关心他人，理解丈夫，保持较平和的心态，营造温馨、和谐的家庭氛围。同时，孕妇还应尽量不看刺激、恐怖的电视、电影，以免引起过度的情绪波动，影响自身及胎儿的健康。

(4) 适当参加户外活动：妊娠期保持适当的活动对孕妇和胎儿均有好处。但一定要注意强度，适当运动可以强健体格、增加胃肠蠕动，防止便秘，还可通过欣赏自然景色，调节情绪；避免进行蹲式活动，防止冲击腹部，不宜负重和攀高等，剧烈的运动可导致流产的发生。

4. 社会支持 要指导丈夫善于理解孕妇的心理变化，多给予孕妇关怀和爱护。通过与孕妇沟通，给予足够的心理支持，缓解孕妇的紧张、担心和忧虑，这对孕妇的心理调节是至关重要的。双方父母的支持也能消除孕妇的心理压力，如明确表态："生男生女都一样。"在生活上多给予照顾，让孕妇感觉家庭的温暖、和睦，坚定妊娠的信心和决心。单位要适当给予孕妇工作上的支持与照顾。

5. 预约下次产前检查 向孕妇强调产前检查的重要性，告知孕妇如有阴道流血、腹痛、发热、妊娠剧吐等情况应立即就诊，如无特殊，则按常规预约下次产前检查时间。

6. 妊娠早期常见疾病的预防和保健 早期妊娠常见的疾病有流产、妊娠剧吐、异位妊娠等，其中流产最多见。

(1) 流产：主要原因是胚胎和母体因素，自然流产有 50% ～ 60% 是染色体异常，对复发性流产患者，应积极寻找原因，必要时做染色体核型分析以明确诊断。

预防和保健：①妊娠前期妇女积极治疗全身性疾病，如严重贫血、心脏病、慢性肾炎、糖尿病等。②妊娠期积极防治全身性感染疾病和各种传染病。③防止外伤，避免过度劳累和精神刺激。④妊娠早期禁止性生活。⑤注意营养，充分休息；避免接触有害物质。

链接

生化妊娠

一般受精后第 6 ～ 8 天受精卵开始着床，但是有时候会出现精子和卵子已经结合了，却没有再回到子宫里着床，或者进入了宫腔，没有着床，即发生在月经期前的流产，称生化妊娠，即没有临床妊娠。生化妊娠是自然流产的一种类型，其主要症状为少量出血，伴有轻微腹痛和腰酸，可能导致流产，也有可能经过适当治疗后继续妊娠。血 HCG 值很低，B 超看不到宫内有孕囊。一般停经后不会超过 50 天便会自然流产，会有灰白色膜状物流出。其原因主要有：受精卵本身有缺陷、卵巢黄体功能不健使孕酮分泌不足、子宫内膜异常而影响受精卵的着床、宫腔环境不良（如子宫发育不良、子宫黏膜下肌瘤、子宫内膜息肉、宫腔粘连、子宫内膜结核等）影响受精卵着床、免疫因素等。

(2) 妊娠剧吐：与孕妇体内人绒毛膜促性腺激素的水平增高有关，也受心理、社会因素影响，如精神过度紧张、焦虑、抑郁、经济困难等的孕妇易发生妊娠剧吐。

预防和保健：①注意调整精神状态，保持心情轻松愉快。②合理调配饮食，以富含营养、清淡可口、容易消化为原则。③注意饮食及口腔卫生，少食多餐。④居室清洁、安静、舒适；远离刺激性的气味，如汽油味、油漆味、鱼腥味等；保持室内空气流通。呕吐严重者需住院治疗。

(3) 异位妊娠：包括输卵管妊娠、卵巢妊娠、宫颈妊娠、子宫残角妊娠和腹腔妊娠，但以输卵管妊娠最多见，输卵管妊娠的主要病因是输卵管慢性炎症。

预防和保健：①要采取有效的避孕措施，尽量避免因计划外妊娠而施行人工流产术，因为术中无菌操作不严格或术后不注意卫生、过早性生活，均可导致输卵管炎症，容易引发输卵管妊娠。②注意经期、分娩期和产褥期的外阴卫生，防止生殖系统感染。③停经后突然发生下腹部疼痛，伴少量暗红色阴道流血时，应警惕异位妊娠，要及时到医院就诊。

第 2 节　中期妊娠保健

中期妊娠（妊娠第 14 ～ 27 周末）早孕反应多已消失，是胎儿快速发育的阶段。此期的生理变化让孕妇容光焕发、自我感觉良好。保健的主要任务是定期产前检查，监测孕妇健康及胎儿生长发育情况，要对孕妇加强营养指导和健康教育，在孕妇学校进行胎教及孕妇保健操、孕妇瑜伽指导。此期也是进行产前诊断的最佳时期。

一、中期妊娠的生理、心理及社会特点

（一）中期妊娠孕妇的生理、心理及社会特点

1. 生理特点　妊娠 10 周后，妊娠黄体开始萎缩，胎盘逐渐替代卵巢分泌雌激素和孕激素。为适应胎儿的生长发育需要，孕妇全身各系统的生理变化较早期妊娠更为明显。

(1) 子宫：妊娠后增大的子宫于 12 周后超出盆腔，进入腹腔，腹部渐膨隆，呈现越来越明显的孕妇体态。胃肠道受增大的子宫压迫，可引起上腹部进食后饱胀感、便秘。

(2) 胎动：一般孕妇于妊娠 18 ～ 20 周可有自觉胎动，经产妇最早可在妊娠 16 周有自觉胎动。正常胎动为 3 ～ 5 次 / 小时。

(3) 胎心音：于妊娠 18 ～ 20 周起，用听诊器可在孕妇腹壁听到胎心音，正常胎心率为 110 ～ 160 次 / 分。胎心音在胎背部听诊最清楚。

(4) 胎体：妊娠 20 周后，经孕妇腹壁可触到胎体，妊娠 24 周后，用腹部四步触诊法可区分胎体在宫内的位置。触诊可分辨出圆而硬、有浮球感的是胎头；软而宽、形状不规则的是胎臀；平坦而宽的是胎背；高低不平的是胎儿肢体。

考点：中期妊娠孕妇的生理特点。

(5) 皮肤：妊娠期因垂体分泌促黑色素细胞激素增加，且雌激素明显增多，孕妇的面颊部、乳头、乳晕、腹白线及外阴部可出现色素沉着。面颊部可有蝴蝶形的妊娠黄褐斑，于产后逐渐消退。

2. 心理特点

(1) 增强对母亲的情感：有一定的妊娠体验后，孕妇体会到做母亲的艰辛，更加理解母亲，对母亲的情感增强。

(2) 情绪变化：多数孕妇情绪稳定。此期早孕反应逐渐消失，孕妇对自身的生理及心理变化也逐渐适应，食欲和睡眠恢复正常，自我感觉良好，并能维持较长时间。妊娠 18～20周，孕妇有自觉胎动，增加了妊娠的真实感，孕妇对胎儿的生长发育兴趣也明显增加，时刻关注胎儿的变化，享受妊娠带来的快乐。少数孕妇情绪不稳定，变得更加敏感、易怒，甚至在胎动时出现烦躁不安，与经济问题和家庭对胎儿性别过度关注等有关。

孕妇的心理状况不仅对孕妇的身体健康有密切的影响，而且对胎儿的健康成长发育也至关重要。孕妇的各种情绪变化，可以通过神经内分泌系统的调节，释放多种神经递质和激素，通过胎盘进入胎儿血液循环系统，对胎儿产生影响。孕妇在情绪好的时候，体内可

分泌一些有益的激素、酶和乙酰胆碱；如孕妇常处于情绪焦虑、忧郁、悲伤、恐惧、愤怒状态，可导致胎儿脑血管收缩，减少大脑的供血量，影响中枢神经系统的发育，甚至造成胎儿大脑畸形。临床研究证明，有情绪困扰的孕妇，易发生妊娠期、分娩期并发症，如妊娠期高血压疾病，严重焦虑的孕妇易发生流产、早产或难产。

(3) 潜在的恐惧：孕妇听信分娩痛苦的传言或观看过分渲染分娩痛苦的影视场面，易产生潜在的恐惧心理。

3. 社会特点 妊娠中期孕妇的腹部逐渐膨隆，生活和工作有所不便，如果工作紧张、工作量大，会使孕妇产生心理压力。随着孕妇情绪趋于稳定、早孕反应的消失，其丈夫及亲友、同事可能减轻对孕妇的关注、呵护程度。

（二）中期妊娠胎儿的生理特点

妊娠 16 周末：由胎儿的外生殖器可确认性别，头皮已长出毛发，胎儿已开始出现呼吸运动。皮肤菲薄，呈深红色，无皮下脂肪。部分孕妇已能自觉胎动。妊娠 20 周末：胎儿皮肤呈暗红色，全身覆盖毳毛，出现胎脂，可见少许头发。开始出现吞咽、排尿功能。经孕妇腹壁可用听诊器听到胎心音。妊娠 24 周末：胎儿各脏器已发育，有少量皮下脂肪沉积，皮肤呈皱缩状，长出眉毛及睫毛。细小支气管和肺泡已经发育。出生后可有呼吸，但生存能力极差。

妊娠中期胎儿生长发育，尤其是脑细胞发育快速。妊娠 3 ～ 6 个月时，脑细胞体积增大、神经纤维增长、神经细胞间的连接增加，脑的重量不断增加，称“脑迅速增长期”。

二、中期妊娠的保健

（一）中期妊娠保健的目的、意义

1. 通过定期产前检查，监测孕妇身心状况和胎儿发育情况，对母儿的健康有重要意义。
2. 为孕妇提供心理支持、生活与卫生保健指导。
3. 避免接触有害因素，保证孕妇和胎儿的健康。
4. 预防和及时发现中期妊娠并发症并给予及时处理。

（二）中期妊娠保健的内容和措施

1. 检查与监测的内容

(1) 做好系列产前检查：一般孕妇应于妊娠 20 ～ 28 周，每 4 周检查一次。高危孕妇可酌情增加检查次数。检查内容主要是身体检查，包括血压、体重指数（BMI）、宫高、腹围、胎心音、胎动出现时间、尿常规等，绘制妊娠图观察其动态变化，期间应进行妊娠生理知识和早产知识的宣教，让孕妇加强对早产的认识与预防，必要时行 B 超等检查，便于及时发现并处理孕妇及胎儿的异常情况。

考点：中期妊娠产前检查的内容。

链接

BMI 与人体成分分析

BMI 是常用的评价人体健康状况的参数。BMI = 体重（kg）/ 身高 ^{2}(m^2)。其在产科用于分析对妊娠各期、分娩、新生儿的影响等，但也有缺陷，主要是不能区分体重来源于脂肪还是肌肉等其他成分，而这种区别对临床评估有着重要的意义。而人体成分分析是测量人体肌肉和脂肪等不同成分的含量。在临床上，多采用生物电阻抗测定法（BIA）进行人体成分分析，该方法利用人体不同成分含水量的不同，导电性能也不同的特点，通过电阻抗的测定，结合身高、体重、性别、年龄等数据，估算人体肌肉、脂肪等不同成分的比例。BIA可更准确地评判病人的体型和营养状况、预测病人预后、指导用药剂量的调整等，通过对妊娠期糖尿病孕妇人体成分分析，可有效指导控制腹部脂肪与总能量摄入，改变不健康的生活方式，合理平衡膳食营养结构，不仅可纠正其代谢异常状态，亦可为其防治与改善妊娠结局提供很大帮助。BIA在检测人体成分时的准确性及安全性已得到了世界的公认，其在妇产科临床上的应用也有了一定的成效。我们有理由相信，它的将来会有更加广阔的应用前景。

(2) 筛查高危妊娠：根据产前检查结果，及时检出异常妊娠、妊娠特有疾病、妊娠合并症等高危妊娠，加强管理，强调随诊及住院治疗的重要性。

(3) 进行产前诊断：中期妊娠是进行羊水穿刺产前检查诊断的最佳时期，羊水穿刺产前诊断不属于常规检查，有不明原因死胎、死产、畸胎史，高龄初孕妇及有遗传病家族史者，取羊水、绒毛等进行染色体核型分析；也可进行基因检测，确诊胎儿有严重疾病或缺陷的，应向孕妇夫妇说明情况，并提出终止妊娠的医学意见。

(4) 胎儿宫内情况监测

1) 绘制妊娠图：是最常用、最简便的妊娠期监测方法。按孕周将每次检查的宫高结果在妊娠图中标示，绘制成曲线观察（图3-2），测量值在相应妊娠周数的第10～90百分位数，提示胎儿发育正常。在第10百分位数以下，提示胎儿宫内发育迟缓，在第90百分位数以上，提示巨大胎儿或多胎妊娠、羊水过多。

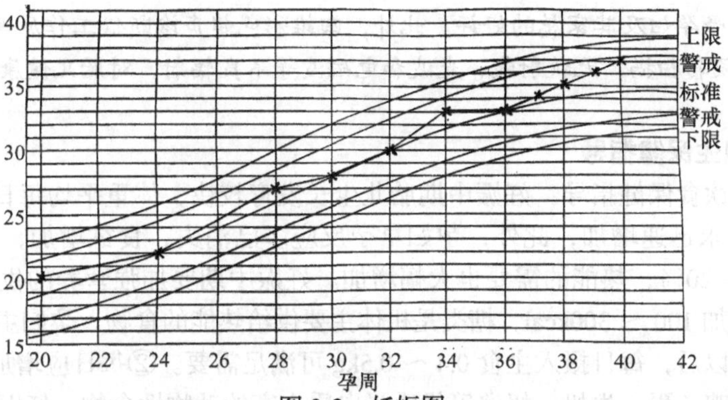

图3-2　妊娠图

2) 监测孕妇体重：孕妇体重的增长间接反映胎儿的生长发育情况，妊娠中期及晚期，每周增长0.3～0.5kg为正常（肥胖者每周增长0.3kg）。整个妊娠期孕妇体重增长10～12kg（肥胖者增长7～9kg）。增长过多或过少，均需做进一步检查。

考点：妊娠期孕妇的体重变化。

3) 超声检查：B型超声检查测量胎头双顶径、股骨长度等，可推算胎龄和体重，判断胎儿大小是否与孕周相符；同时还可以检查有无胎儿外观畸形、胎儿数目、胎心搏动情况、羊水量、胎盘和脐带情况。超声多普勒检查对胎心监测、胎盘及脐带血流的检测也有一定诊断价值。有条件者可进行四维彩色超声检查（图3-3）。

4) 其他：必要时可通过染色体检查、胎儿电子监护仪、生化检验等监测胎儿情况。

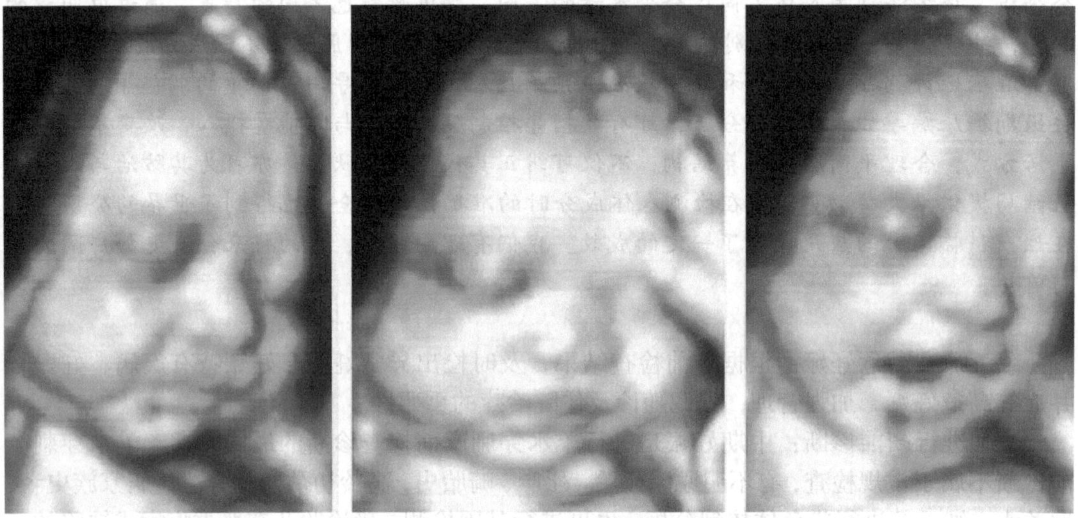

图 3-3　四维彩色超声图像

链接

四维彩色超声诊断仪在产科的临床应用

四维超声技术不仅能够显示出宫内胎儿的实时动态图像，还能够多方位、多角度地观察胎儿生长发育情况，对胎儿的体表及各器官（如脑、肾、心及骨骼等）进行检查，为胎儿异常诊断提供可靠的临床依据，有利于早诊断、早处理。部分医院超声室还将胎儿的四维图像制作成照片或 VCD，广受孕妇及其家属的好评。此外，四维彩色超声诊断仪工作原理是采用超声波多平面同步采集的旋转扫描，无放射线、光波和电磁波等不良辐射，对胎儿健康影响较轻。

2. 生活及卫生保健指导

(1) 营养与饮食保健指导：妊娠中期胎儿生长发育较快，体重平均每日增加约 10g，对各种营养素的需求迅速增加，此外，孕妇早孕反应多已消失，食欲增加，基础代谢率较未孕前增高 10%～20%，热能的需要也大幅增加。妊娠中期要加强营养的供应。①孕妇每日热能摄入量应增加 100～300kcal，糖类是机体主要供给热能的食物，孕妇主食中糖类主要是淀粉，妊娠中期以后，每日摄入主食 0.4～0.5kg 可满足需要。②每日应增加蛋白质 15g，多进食肉类、鱼、鸡、蛋、牛奶、奶酪等优质蛋白质丰富的动物性食物。妊娠期蛋白质摄入不足会造成胎儿脑细胞分化缓慢，导致脑细胞总数减少，影响智力；蛋白质摄入不足还会影响孕妇的身体健康、乳汁分泌和产后恢复。③叶酸和维生素 A 的补充同妊娠早期。④加强维生素 D 的补充，进食动物肝脏、蛋黄、鱼或服用鱼肝油；如缺乏维生素 D 和钙可导致孕妇肌肉抽搐、影响胎儿牙齿和骨骼发育，妊娠中期应每日摄入钙 1000mg。⑤注意补锌，锌也是蛋白质和酶的组成部分，妊娠 3 个月后锌摄入不足可导致胎儿宫内生长发育迟缓、流产、矮小症、性腺发育不良、皮肤疾病等，孕妇于妊娠 3 个月后每日从饮食中补锌 20mg，肝脏、瘦肉、蛋黄和海产品含锌较多，牡蛎含锌量最高。⑥孕妇每日膳食中铁的供应量为 28mg，因铁很难从膳食中得到补充，故主张妊娠 4 个月开始每天口服硫酸亚铁 0.3g，或补充其他铁剂。

孕妇膳食要注意营养均衡、少食多餐、品种多样化，注意适量进食。营养摄入不足，会影响孕妇身体健康和胎儿生长发育；过量进食，易使孕妇肥胖，胎儿发育为巨大胎儿，引起分娩困难，也可增加妊娠期糖尿病发病率和高脂血症的发生。因此，必须科学合理地安排妊娠期的饮食。

(2) 休息与活动：孕妇要注意劳逸结合，保证充足的睡眠时间。孕妇休息时不宜取仰卧位，避免子宫压迫下腔静脉导致仰卧位低血压综合征。应多取左侧卧位以利于改善子宫、胎盘的血液供应。

孕妇适当的运动可以促进血液循环、提高机体的血氧饱和度；可让孕妇心情舒畅、减轻疲劳、增强体质；运动可以增加胎儿的血液供氧，加快新陈代谢，从而促进生长发育。

户外散步是孕妇最易接受、最简单的运动方式，如果孕妇平时喜爱骑自行车或游泳，此期仍可照常进行。外出旅游亦可安排在妊娠中期，但不宜劳累，注意不在旅游高峰期出行，不到拥挤、封闭的场所。

妊娠中期应继续坚持每天做孕妇保健体操（图 3-4），每日 2 次。坚持锻炼能使孕妇全身轻松、精力充沛；并能松弛腰部及骨盆关节，锻炼腰部、腹部和骨盆底的肌肉，缓解肌肉疲劳，使孕妇身体强健，有利于自然分娩。妊娠期保健操讲解详见“实训 1”。

第一节　盘腿运动

第二节　骨盆运动

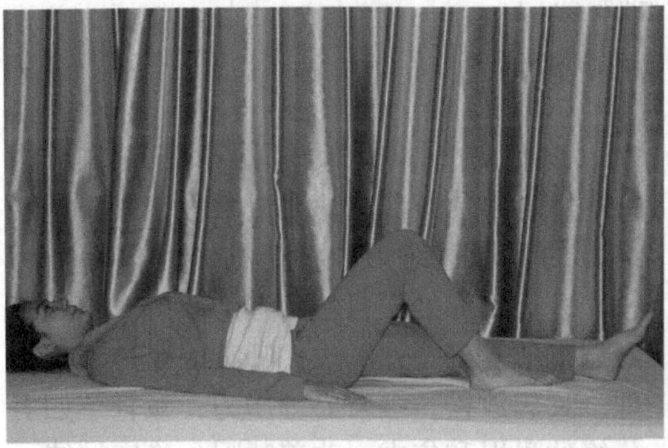

第三节(1)

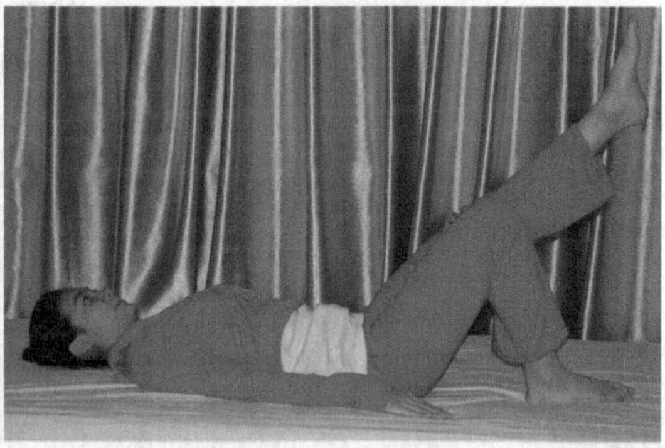

第三节(2)

第三节　腹肌运动

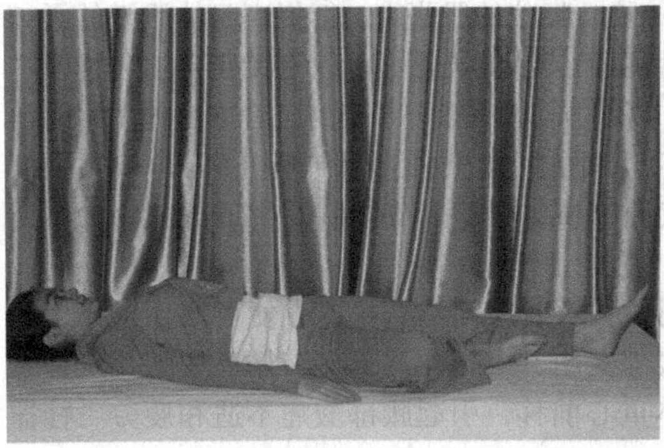

第四节(1)

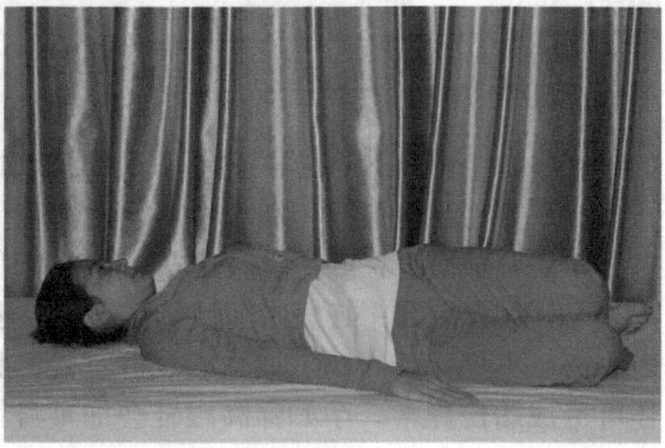

第四节(2)

第四节　骨盆扭转运动

第五节(1)

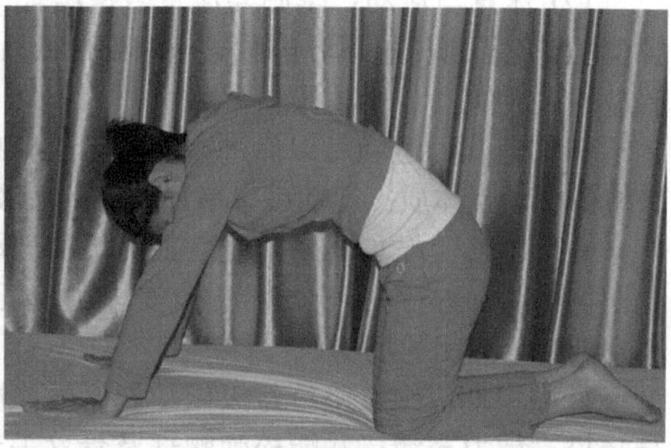

第五节(2)

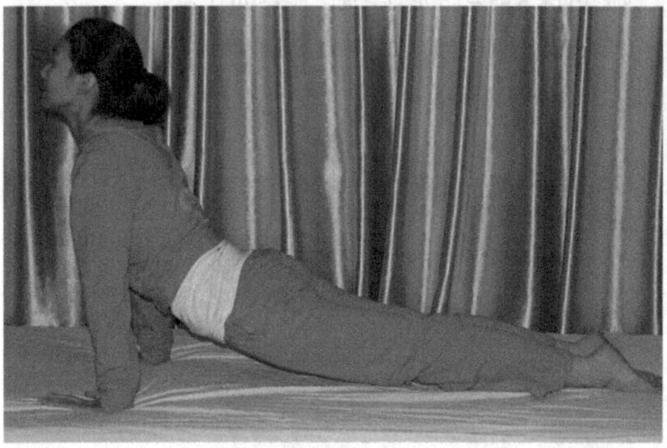

第五节(3)

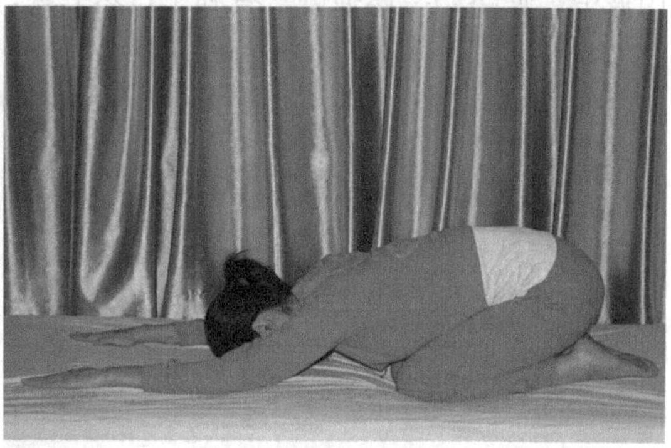

第五节(4)

第五节　振动骨盆运动

图 3-4　妊娠期保健体操

图 3-5　孕妇瑜伽之山式坐姿

现代妊娠期运动包括孕妇瑜伽（图 3-5）。瑜伽崇尚自然，注重呼吸、冥想，最终目的是通过练习，将精神和身体融合为一体，让身体处于自然和谐的状态。孕妇练习瑜伽的好处是：①瑜伽呼吸法通过呼吸调理、冥想放松，缓解心理压力，减轻孕妇对分娩的恐惧和焦虑、改善睡眠、稳定情绪，使孕妇以较平和的心态面对分娩。②增强盆腔、腹腔的肌张力。③提高身体肌腱的柔韧度和关节的灵活性。④有助于自然分娩及产后的体型恢复。⑤减少产后抑郁的发生。孕妇应在瑜伽专业教练的指导下练习，练习时如有不适感，应改变姿势或停止练习。

(3) 卫生保健指导：妊娠中期孕妇新陈代谢加快，汗腺、皮脂腺及阴道分泌物增多，应勤沐浴、勤换内衣裤，以保证皮肤清洁舒适、防止感染。

(4) 衣着指导：妊娠中期孕妇体型变化明显，衣着应简洁宽松、方便更换，选择棉质内衣裤，不穿化纤衣物。如孕妇衣裤过紧，腹部受压，会影响局部血液循环和胎儿发育，还可造成胎位异常。孕妇穿高跟鞋会加重身体重心前移，引起腰部酸痛不适和疲劳。鞋袜过紧影响下肢静脉回流，加重水肿。

(5) 性生活指导：妊娠中期可进行有节制的性生活，注意性生活卫生，避免感染；注意避免压迫子宫诱发流产。

(6) 乳房护理：妊娠24周以后，孕妇要用小毛巾蘸温水擦洗乳头，用力均匀、柔和，每日1次，尤其是初孕妇，经常擦洗乳头可使乳头皮肤坚韧，产后哺乳时不易皲裂，减少乳腺炎的发生。乳头平坦或内陷的孕妇应在妊娠5～6个月进行纠正，使乳头突出，利于产后婴儿吸吮，方法是用拇指和示指压住乳头根部，将乳头反复向外牵拉或取两个10ml的注射器，用橡皮管连接，取其中一个注射器外管扣在乳头上，回抽另一个注射器，利用负压吸出凹陷的乳头。

考点：中期妊娠孕妇的生活与卫生保健指导。

(7) 避免有害因素影响：合理用药，预防感染的保健措施同妊娠早期，但感染的危害程度妊娠早期较重，禁止吸烟、酗酒。

3. 胎教 是有目的、有计划地通过音乐、语言、抚摸等措施，促进胎儿身心健康和智力发育的方法，也是母亲与胎儿间的一种愉悦的互动方式。胎儿不仅具有视觉、听觉、活动和记忆能力，能对外界的声音、光线、触摸等刺激发生反应，此时适度刺激胎儿的感觉器官，可以使胎儿各感觉器官功能发育得更加完善，还能起到发掘胎儿心理潜能的积极作用，为出生后的早期教育奠定基础；孕妇良性的思维和美好联想时所产生的神经冲动，能促进胎儿神经细胞的发育。妊娠中期是胎教的最佳时期，胎教可从妊娠4个月开始，选择在胎儿觉醒有胎动时进行。胎教应根据胎儿发育的特点循序渐进，不能操之过急。胎教主要的方法如下。

(1) 音乐胎教：最有效的胎教方法就是音乐胎教，是胎教的首选方法。主要是以乐性声波刺激胎儿听觉器官的神经功能，促使脑神经元的轴突、树突及突触的发育，为优化后天的智力及发展音乐天赋奠定基础。妊娠20周后，在播放轻松、优雅音乐的同时，让孕妇联想美好的事物，在音乐中放松自己的情绪，有利于胎儿的智力开发和性格锻炼。选择节奏平缓、流畅，情调柔美的胎教音乐，音响强度不要超过65dB，频率不要超过2000Hz，音源应距离孕妇1m左右，避免高分贝、高频音乐对胎儿听力的影响。

(2) 语言胎教：是指孕妇或家人用文明、礼貌、富有哲理的语言，有目的地对子宫中的胎儿讲话，给胎儿期的大脑输入最初的语言印记，为后天的学习打下坚实的基础。妊娠24周后，准父母要常与胎儿聊天、讲童话故事、朗诵儿童诗歌等，通过语言胎教把父母的爱传递给胎儿，促进胎儿大脑对语言的适应性和胎儿情感的发育，对胎儿出生后的心理适应和智力发育有利。

(3) 抚摸胎教：是父母通过轻柔地抚摸，感受孩子的胎动，与胎儿做触觉交流。胎儿在被抚摸的过程中，也可以感受到父母的爱，有助于加强胎儿与父母的情感联系。对胎儿的抚摸胎教宜在妊娠24周以后进行，孕妇每晚睡觉前先排空膀胱，平卧床上，放松腹部，孕妇或其丈夫将手放在孕妇腹壁，轻柔触摸胎儿，有来回抚摸法、触压拍打法、推动散步法、亲子游戏法。胎动加剧提示胎儿不喜欢，应停止抚触；胎动柔和提示胎儿喜欢，可继续进行。抚摸胎教可引起胎儿一定的条件反射，激发胎儿活动的积极性，形成良好的触觉刺激，胎儿通过反射性躯体蠕动，促进大脑功能的协调发育，加快胎儿的智力发展。有早产史或先兆早产的孕妇不宜使用。

考点：胎教的指导。

4. 心理调适

(1) 避免心理过于放松：妊娠中期孕妇身体状况较稳定，可能会导致思想松懈。由于妊娠加重了身体各系统的负担，会使原有疾病者的病情加重，也可能会出现妊娠期合并症等，定期产前检查有助于发现异常情况并给予及时处理。

(2) 减轻对分娩的恐惧：指导孕妇学习分娩相关知识，使其了解分娩是妊娠的必然结局，是人类繁衍必经的生理过程，减轻精神压力，消除对分娩的恐惧。孕妇和家人一起为胎儿准备出生后的必需品，多听轻松的音乐，调整心情。

(3) 克服依赖感：妊娠中期孕妇可适当从事家务劳动、正常工作。孕期适当活动可增强孕妇的肌肉力量，有助于分娩及舒缓心理。部分孕妇因体型显露而不愿活动，凡事由他人代办，反而易感到郁闷、压抑、孤独，对孕妇和胎儿都不利。

5. 社会支持 可让孕妇与孕妇之间做互相交流，增加与母亲接触的机会，建立较广泛的社会交往，有助于孕妇获得更多有关妊娠的知识。孕妇的丈夫、家庭成员要认识妊娠中期保健的重要性，要增强对孕妇的帮助和理解。单位领导和同事对孕妇工作要给予照顾，保证休息和定期产前检查的时间，并随孕月增加适当减轻孕妇的劳动强度。母婴保健机构应按时做好产前检查和中期妊娠保健指导。

6. 妊娠中期常见疾病的预防和保健

(1) 流产（同早期妊娠）。

考点：妊娠期高血压疾病的高危因素。

(2) 妊娠期高血压疾病：是常见的妊娠期疾病，一般在妊娠20周后发病，病因不明，高危因素有：孕妇年龄≥40岁；有妊娠期高血压疾病史及家族史；慢性肾炎、慢性高血压、糖尿病；抗磷脂抗体阳性；初次产检时BMI≥35kg/m^2、本次妊娠为多胎妊娠、首次妊娠、妊娠间隔时间≥10年及孕早期收缩压≥130mmHg或舒张压≥80mmHg等。

资格考链接

下列关于妊娠期高血压疾病的高危因素叙述不正确的是

A. 经产妇　B. 年龄≥40岁　C. 慢性高血压　D. 双胎　E. 羊水过多

分析：妊娠期高血压疾病的高危因素有：孕妇年龄≥40岁；慢性肾炎、慢性高血压、糖尿病；本次妊娠为多胎妊娠、首次妊娠等。故选A。

预防和保健：①及时给予孕前与孕期保健指导，加强健康教育，定期进行产前检查，联合多项指标综合评估预测。②指导孕妇合理饮食，多吃富含蛋白质、维生素、铁、钙、镁、锌、硒等微量元素的食物和新鲜的水果与蔬菜；减少动物性脂肪和盐的摄入，可以有效降低妊娠高血压疾病的发生。③调整生活习惯：保持心理健康，避免精神紧张；适当进行规律的孕期运动；保证足够的睡眠，休息时宜左侧卧位。④严密监测，血压增高者及时就诊。

(3) 妊娠合并糖尿病：在妊娠全过程均可发病，但以中、晚期妊娠多见。妊娠中晚期，孕妇体内的肿瘤坏死因子、瘦素、胎盘生乳素、雌激素、孕酮、皮质醇和胎盘胰岛素酶等抗胰岛素样物质增加，使孕妇对胰岛素的敏感性随孕周增加而下降，为维持正常糖代谢水平，孕妇对胰岛素的需求量必须相应增加，对于胰岛素分泌受限的孕妇，妊娠期不能代偿这一生理变化而使血糖升高，会出现妊娠期糖尿病或使原有糖尿病加重。妊娠期糖尿病对母儿均有较大危害，必须引起重视。

预防和保健：①在孕妇第一次产前检查时就应进行妊娠期糖尿病的危险评估，对有糖尿病家族史、不良生育史、肥胖（尤其是重度肥胖）、多囊卵巢综合征患者及妊娠早期空腹尿糖反复阳性等妊娠期糖尿病高危孕妇制订筛查和监测的方案，以便及早发现糖尿病孕妇。②对妊娠期糖尿病的孕妇先采用控制饮食（营养均衡、控制热量摄入、增加膳食纤维）、适度运动的方法控制血糖，无效者加用胰岛素治疗。③孕妇要正确对待病情，认识到只要血糖水平控制良好，不会对母儿造成危害，保持心情舒畅，不必过分担忧。④严密监测，对孕前患糖尿病者每2周检查1次。注意肾功能、糖化血红蛋白含量及眼底检查。

(4) 妊娠合并贫血：妊娠中期血容量增加最快，血浆增加多于红细胞增加，导致血液生理性稀释（又称“生理性贫血”）。所以，孕中期最易发生贫血或加重贫血，以缺铁性贫血最为常见。WHO 的标准为：孕妇外周血血红蛋白＜ 110g/L 及血细胞比容＜ 0.33 为妊娠期贫血。血红蛋白＞ 60g/L 为轻度贫血，血红蛋白≤ 60g/L 为重度贫血。

考点：妊娠贫血的标准。

预防和保健：①定期产前检查，及早发现贫血并给予治疗。②建议妊娠 4 个月起，常规补充铁剂。其预防原则见第 2 章。

第 3 节　晚期妊娠保健

案例 3-2

孕妇张女士，有多次不良孕产史，G_4P_1，自然流产 2 次，孕 9 个月死胎产 1 次。本次妊娠后均按医务人员指导如期进行产前检查，中期妊娠时取羊水进行染色体核型分析未发现异常。现孕 32 周，今感腰酸而来诊，自测胎动正常。查：无规律宫缩，胎心 132 次 / 分，头先露，枕右前位。

问题：1. 此期保健内容要点有哪些？

2. 如何监测胎儿宫内情况？

3. 如何对该孕妇进行生活及卫生保健指导？

晚期妊娠（妊娠第28周及其后）是孕妇身心负担最重的时期，孕妇的心理、生理变化明显。随子宫增大孕妇逐渐出现压迫症状。妊娠期高血压疾病、妊娠晚期出血性疾病等的发病率增加，分娩即将来临，孕妇产生期待、矛盾、恐惧与焦虑的心理。晚期妊娠保健工作任务十分繁重。

一、晚期妊娠的生理、心理及社会特点

（一）晚期妊娠孕妇的生理、心理及社会特点

1. 生理特点

(1) 生殖系统：妊娠晚期增大的子宫轻度右旋。孕妇腹部明显膨隆，膈肌上移，呼吸加快，弯腰受限，身体负担加重，行动不便。激素作用使骨盆韧带松弛，孕妇感到腰酸、髋部可有轻度疼痛感。胎先露入盆后子宫底部下降，孕妇感到上腹部较前舒适，但行走出现不便。不规则宫缩逐渐频繁，宫颈管软化，为分娩做好准备。

(2) 乳房变化：乳房增大更为明显，接近分娩期挤压乳房时，可有少量淡黄色稀薄的初乳溢出。

(3) 血液循环系统变化：血容量继续增加，妊娠 32 ～ 34 周时达高峰，较未孕时增加 40% ～ 45%，平均约增加 1450ml，维持此水平直至分娩。心率休息时每分钟增加 10 ～ 15 次。血液处于高凝状态。孕妇若长时间处于仰卧位，增大的子宫压迫下腔静脉，回心血量和心排血量减少，血压下降，出现仰卧位低血压综合征 。

考点：妊娠期血容量的高峰期及心率的改变。

资格考链接

孕妇血容量增加最高峰是在妊娠

A. 22 ～ 24 周　B. 26 ～ 28 周　C. 28 ～ 30 周　D. 32 ～ 34 周　E. 36 ～ 40 周

分析：妊娠 32 ～ 34 周时血容量达高峰，较未孕时增加 40% ～ 45%。故选 D。

(4) 泌尿系统变化：胎先露入盆后压迫膀胱，出现尿频。右侧的输尿管常受右旋子宫压迫，可致肾盂积水，或引起右侧肾盂肾炎。

(5) 消化系统变化：受增大子宫压迫，胃和肠管向上及两侧移位，阑尾向右上方移位。孕激素使平滑肌张力降低、肌肉松弛。胃排空时间延长，孕妇易出现上腹部饱胀感，每餐进食量减少。肠蠕动减弱，出现便秘，加之直肠静脉压增高，孕妇易发生痔疮或使原有的痔疮加重。

(6) 皮肤变化：腹部皮肤张力增大，弹力纤维过度拉伸断裂，呈紫红色的妊娠纹，见于初产妇。经产妇的旧妊娠纹呈银白色。

2. 心理特点

(1) 期待性焦虑：妊娠晚期孕妇腹部极度膨隆，日常生活、行动不便，各系统负担加重。孕妇担心产后不能恢复体型影响美观。孕妇心理压力增大，出现期待性焦虑，期盼尽早结束妊娠，解除负担，早日恢复孕前的体型和身体状况。

(2) 恐惧与焦虑：预产期逐渐临近，孕妇担心能否顺利分娩、胎儿是否正常、胎儿的性别能否满足家人的愿望、能否胜任母亲角色、能否继续工作等，常感焦虑不安，同时恐惧分娩痛苦或可能出现的异常情况，不安全感加重，甚至在分娩尚未发动和没有异常的情况下，主动要求提前住院分娩或剖宫产。

(3) 矛盾：孕妇因胎儿即将出生而感到兴奋，又因惧怕分娩而紧张，产生兴奋和紧张并存的矛盾心理，情绪不稳定，甚至因心理作用而感到浑身乏力，懒动。

3. 社会特点 随着预产期的临近，家庭成员、同事和朋友担忧孕妇能否顺利分娩，尤其即将初为人父的丈夫，也会因缺乏经验不知所措，这些担忧会减弱他们对孕妇顺利分娩的信心，不利于孕妇的心理支持。此期孕妇心理压力最大，应给予更多的支持和安慰，帮助孕妇增强顺利分娩的信心。

（二）晚期妊娠胎儿的生理特点

妊娠 28 周末：胎儿皮下脂肪不多。皮肤粉红，表面覆盖胎脂。眼睛半张开。四肢活动好，有呼吸运动，但肺泡表面活性物质较少，出生后易患呼吸窘迫综合征，经特殊护理可能存活。妊娠 32 周末：胎儿皮肤深红色、仍呈皱缩状，生活力尚可，出生后加强护理可以存活。妊娠 36 周末：胎儿皮下脂肪较多，面部皱褶消失，指（趾）甲已达指（趾）端。出生后能啼哭和吸吮，生活力良好，基本可以存活。妊娠 40 周末：胎儿已发育成熟，身长约 50cm，体重约 3400g，皮肤呈粉红色，皮下脂肪多。足底皮肤有纹理。男性睾丸已降至阴囊内，女性大小阴唇发育良好。出生后哭声响亮，吸吮能力强，生存能力强。

二、晚期妊娠的保健

（一）晚期妊娠保健的目的、意义

1. 指导孕妇按时产前检查、做好自我监护及分娩准备，坚定孕妇顺利分娩的信心，对完成分娩使命有重要意义。

2. 为孕妇提供卫生与生活指导、心理支持。

3. 避免接触有害因素，保证孕妇健康和胎儿正常发育。

4. 预防、发现晚期妊娠并发症并给予及时处理。

（二）晚期妊娠保健的内容和措施

1. 检查与监测的内容

(1) 按时产前检查：妊娠 28 ～ 36 周每 4 周检查 1 次，妊娠 37 周开始每周检查 1 次。

高危孕妇可据病情需要增加产前检查的次数，必要时住院治疗。检查项目和内容除同妊娠中期之外，还要进行下肢水肿和必要的全身检查。胎位异常于妊娠30周后在医师指导和监护下矫正胎位，及时发现和处理先兆早产、前置胎盘、胎盘早剥、过期妊娠等异常情况。

(2) 监测胎儿宫内情况和胎盘功能：妊娠晚期监测胎盘功能，能间接判断胎儿的状况，及时发现胎儿宫内窘迫。通过胎动计数、电子胎心监护、B型超声检查、测定孕妇尿雌三醇和孕妇血清人胎盘生乳素等可监测胎儿宫内情况和胎盘功能，及时发现和处理胎盘功能减退、胎儿宫内缺氧等。胎动监测是通过孕妇自测评价胎儿宫内情况最简便有效的方法之一。随着孕周增加，胎动渐由弱变强，至妊娠足月时，胎动又因羊水量减少和空间减少而渐减弱。胎动计数有：①正常胎动≥6次/2小时，＜6次/2小时或减少50%者提示胎儿缺氧可能。②每天早、中、晚各测1小时胎动数，相加总数再乘以4，即为12小时的胎动数。12小时胎动计数≥30次，提示胎儿宫内情况良好；12小时胎动计数＜10次，或逐日下降50%而不能恢复，提示胎儿宫内缺氧，应及时就诊检查原因。异常胎动多见于脐带绕颈或打结、胎盘功能障碍，或孕妇用药及外界的不良刺激等。

考点：妊娠期胎动计数的方法及判断。

2. 生活及卫生保健指导

(1) 营养与饮食保健指导：妊娠晚期是胎儿生长最迅速、营养素需要量最多的时期。饮食宜少食多餐，以高蛋白、低盐、易于消化的食物为主。应当注意：①增加蛋白质摄入量，蛋白质摄入量每日增加25g。②不宜摄入过多脂肪和糖类，妊娠晚期孕妇各系统负荷加大，血脂水平增高，但活动量减少，总热能供应不宜过高，尤其是36周后，要适当控制，避免胎儿过大造成分娩困难。③摄入足量的钙和维生素D，妊娠晚期胎儿牙齿、骨骼钙化加速，钙需要量增加，孕妇每日补钙增加至1500mg。

妊娠晚期孕妇选择食物应注意：①食物多样化，保证营养素的全面摄入。②多进食新鲜果蔬，保证维生素的供给。③不吃或少吃腌制或含防腐剂食品，如咸鱼、酸菜、香肠、腊肉、水果罐头等。④少吃辛辣食品或调味品。⑤不抽烟、不酗酒或不喝浓茶、浓咖啡，避免影响胎儿生长发育。⑥避免进食含糖量高的零食。⑦不宜服用补药。⑧可适当添加零食或夜宵，以易消化的食物为宜，如牛奶、水果、饼干、核桃等。

加强孕妇体重的管理。研究发现，孕期增重15kg以上的妇女在绝经后发生乳腺癌的风险增高。孕期体重的增加与新生儿出生体重及围产儿死亡率有关。

(2) 休息与活动：妊娠晚期是孕妇最疲劳的阶段，应以休息为主。坚持户外散步，可做妊娠中期保健体操的1～4节或其他保健操，不能做冲击性动作，避免坐长途车、不要长时间固定体位。运动时间以每次15～20分钟为宜，每周3次或3次以上。

(3) 卫生保健指导：同中期妊娠。

(4) 性生活指导：妊娠晚期不主张同房，以免发生早产和感染。

(5) 避免有害因素影响：同妊娠中期。

3. 心理调适

(1) 注重分娩知识培训：对孕妇进行分娩前培训，让孕妇了解分娩相关知识，学会在分娩过程中如何配合医护人员，使孕妇认识到分娩是大多数妇女有能力完成的自然过程，建立顺利分娩的信心，有效地减轻对分娩的恐惧，解除思想负担。也可对孕妇初步进行哺乳宣教，让其适应角色转变，尽量避免产褥期抑郁症的发生。

(2) 充分做好分娩准备：坚持产前检查、选择分娩的医院、准备母婴用品、对可能出现异常情况时的应对措施等。做好充分的分娩准备可以减轻孕妇的紧张和焦虑，增加其安全感。

(3) 不提前入院待产：孕妇提早入院待产是比较安全的措施，但在医院不利于孕妇活动和休息，饮食照顾不便。孕妇提早入院后，易受其他产妇分娩痛苦或出现异常等不良信息影响，使产妇产生焦虑情绪，心情更紧张。不提前住院有利于孕妇的心理调适。

4. 社会支持　在晚期妊娠，孕妇更需要家庭成员、朋友、同事和社会的支持与鼓励。

要加大心理支持的力度，给予孕妇关心、体贴及照顾，帮助孕妇做好分娩前的各项准备工作。母婴保健工作人员要做好妊娠晚期保健工作，多和孕妇及其家人沟通，并用通俗易懂的语言讲解分娩相关知识。争取孕妇家属配合，劝告亲友不做分娩的反面宣传，避免加重孕妇的心理压力。丈夫要积极帮助孕妇，给孕妇足够的心理安慰和生活上的关爱。家庭条件许可的，孕妇可选择导乐进行分娩前的陪伴和指导。

5. 妊娠晚期常见疾病的预防和保健

(1) 早产：占分娩总数的 5%～15%，按原因分为三类，即自发性早产、未足月胎膜早破早产、治疗性早产。最主要病因是生殖道感染、胎膜早破、子宫过度膨隆、胎盘因素、妊娠合并症与并发症、子宫畸形、宫颈内口松弛等，也与外伤、过劳、妊娠晚期性生活等有关。

预防和保健：①定期产检，及时发现和消除可能引起早产的病因。②加强高危妊娠的管理、积极治疗妊娠合并症和并发症。③妊娠晚期保证充足的休息，禁止性生活。④宫颈功能不全，曾有 2 次或 2 次以上晚期流产或早产史患者，在妊娠 14 ～ 18 周行预防性宫颈环扎术。

(2) 前置胎盘：是妊娠晚期出血的主要原因，是较严重的妊娠晚期并发症。多次流产及刮宫、剖宫产、产褥感染、子宫手术史、盆腔炎等为子宫内膜损伤引起前置胎盘的常见因素，也与胎盘面积过大、胎盘异常、受精卵滋养层发育迟缓等相关。吸烟或吸毒妇女是高危因素之一。

预防和保健：①做好计划生育宣传教育工作，推广避孕措施，避免多次刮宫，减少子宫内膜损伤或子宫内膜感染的发生。②禁吸烟、吸毒，也要避免被动吸烟。③加强孕妇管理，定期产前检查及正确的孕期指导。④早期诊断和及时处理前置胎盘。

(3) 仰卧位低血压综合征：主要发生于妊娠晚期妇女，多见于多胎妊娠、羊水过多孕妇，与孕妇体位有关，妊娠晚期孕妇仰卧位时，增大的子宫压迫下腔静脉，下腔静脉回流受阻，回心血量减少，心搏出量随之减少，引起血压下降甚至休克。孕妇仰卧数分钟后出现头晕、胸闷、心悸、恶心、呕吐、面色苍白、脉搏加快、血压下降等现象。

预防和保健：孕妇休息时取侧卧位，以左侧卧位为佳。

(4) 胎盘早剥：与孕妇血管病变（妊娠期高血压疾病，尤其是重度子痫前期、慢性高血压、慢性肾脏疾病等）、宫腔内压力骤减、长时间仰卧、腹部外伤、外倒转术处理不当、羊膜腔穿刺时刺破子宫前壁的胎盘血管致胎盘后血肿形成及其他高危因素如高龄、吸烟、孕妇代谢异常、子宫肌瘤等相关。有胎盘早剥史的孕妇再次发生胎盘早剥的风险比无胎盘早剥史者高 10 倍。

预防和保健：①加强妊娠期管理，及早防治妊娠期高血压疾病、慢性高血压、肾脏疾病等。②行外倒转术纠正胎位时，动作要轻柔。③行羊膜腔穿刺术应在 B 超引导下进行，避免误穿胎盘。④妊娠晚期孕妇活动要适中，避免长时间仰卧位。⑤避免腹部外伤；羊水过多和多胎妊娠的孕妇分娩时，要避免宫内压力骤减。

第 4 节　孕产妇的管理

孕产妇系统管理是指从确诊妊娠开始，到产后 42 天内，以母子为监护对象，按照妊娠各期所规定的一些必查和备查项目，进行系统检查、监护和保健指导，及时发现高危情况，及时转诊和住院分娩及产后随访，以确保母子安全与健康的系统管理。

我国普遍实行孕产妇系统保健的三级管理，建立了完善的孕产妇保健体系，使用孕产妇系统保健手册，着重对高危妊娠进行筛查、监护和管理，降低孕产妇和围生儿的患病率及死亡率，降低病残儿的出生率。

一、孕产妇系统保健的三级管理

对孕产妇进行系统管理，目的是确保医疗与预防能够紧密结合。目前在我国城乡，均已开展孕产妇系统保健管理，采用医疗保健机构的三级分工管理制度。在城市为市、区、街道（社区）的妇幼保健机构及有关医疗保健机构，在农村为县、乡、村三级妇幼保健机构及有关医疗保健机构，实行孕产妇分级分工管理，相互间挂钩、转诊等制度。在三级分工中的一级机构（基层医疗保健机构如社区卫生服务中心或站）对划片区内的全体孕产妇负责，定期检查，如发现异常应将高危孕妇转至上级医院进行监护处理。孕产妇系统的三级管理制度能充分利用各级医疗、保健资源为孕产妇服务。

二、使用孕产妇系统保健手册

为了加强孕产妇的系统管理，提高产科防治质量，降低“三率”（孕产妇死亡率、围生儿死亡率及病残儿出生率），建立健全了孕产妇系统保健手册制度。保健手册的使用从确诊早孕时开始，直至产褥期结束（产后满6周）时终止。手册将记录孕产妇主要孕产史、体征及异常情况的处理等，摘要记录了孕产期全过程的病历。

孕产妇凭保健手册在一、二、三级医疗保健机构定期做产前检查。每次检查时均将结果填在保健手册中。孕妇临产到医院住院分娩时，必须把手册交给产科医务人员，产后出院时医务人员需将产妇住院分娩及产后母婴的主要情况完整填写在手册上，并将手册交给产妇居住地所在的基层医疗保健机构，该机构接到手册后进行产后访视，共3次，第1次是出院3天内，第2次是产后14天，第3次是产后28天，如发现产妇或婴儿有异常情况要及时给予处理和治疗。产后访视结束后将保健手册汇总至县、区妇幼保健机构进行统计分析。使用孕产妇保健手册的优点在于能够使各级妇幼保健机构及有关医疗保健机构之间相互沟通信息，加强协作，做到防治结合。

三、对高危妊娠的筛查、监护和管理

通过产前检查及时筛查出具有高危因素的孕妇，给予诊治，提出是否继续妊娠及是否转诊的建议。对于高危孕妇，要专卡登记和专案管理，并在孕产妇保健手册上做好特殊标记。根据高危妊娠管理程序，对高危因素复杂或病情严重的孕妇，应及早转送至上一级医疗保健机构诊治。高危孕妇均应住院分娩，县及县级以上医疗保健机构应全面评估高危因素对孕妇的影响程度，结合胎盘功能的检测和胎儿成熟度的预测，选择对母儿最有利的分娩方式，有计划分娩或适时分娩，确保母儿安全；有妊娠禁忌证者，经确诊后尽早动员终止妊娠。通过对高危孕妇的筛查和管理，不断提高高危妊娠管理的“三率”（即高危妊娠检出率、高危妊娠随诊率及高危妊娠住院分娩率），降低孕产妇死亡率、围生儿死亡率及病残儿出生率。

小结

妊娠分为早、中、晚期三个阶段，这段时期孕妇全身各系统出现一系列变化以完成孕育胎儿的使命，这些变化一旦超越生理范畴，孕妇和胎儿均可能出现病理情况，甚至危及生命。妊娠期保健是通过定期的产前检查，评估孕妇和胎儿的健康状况，及早发现和治疗妊娠期并发症，为孕妇提供生活与卫生指导和心理支持，满足孕妇的身心和社会需求，保证胎儿正常发育，确保母子的健康与安全。我国推广使用孕产妇系统保健手册，实行孕产期系统保健的三级管理制度，对高危妊娠进行筛查、监护和管理，降低孕产妇及围生儿的患病率和死亡率。

（黄爱松）

自测题

A_1 型题

1. 关于早期妊娠生理变化的叙述错误的是
   A. 腹部膨隆　B. 胃部烧灼感、胀气与便秘
   C. 生理性尿糖　D. 血液相对稀释
   E. 乳房出现蒙氏结节
2. 与早期妊娠妇女的心理变化不相符的是
   A. 多为妊娠而震惊　B. 对胎儿变化过度敏感
   C. 希望获得感情爱抚　D. 情绪不稳定
   E. 反省对母亲的情感
3. 关于早期妊娠胚胎和胎儿的生长发育变化特点叙述正确的是
   A. 受精后 3 周内称为胚胎
   B. 受精后 8 周内为致畸高危期
   C. 受精后第 4 周起称为胎儿
   D. 妊娠 4 周末 B 型超声可见胎心搏动
   E. 接触有害因素不对胎儿产生危害
4. 下列早期妊娠的营养指导叙述错误的是
   A. 尽量不偏食
   B. 提倡孕妇早期妊娠补充叶酸片
   C. 妊娠期还要注意补碘
   D. 不鼓励孕妇大量进食
   E. 多添加食盐以增加食欲
5. 早期妊娠不宜选择的运动方式是
   A. 户外散步　B. 骑自行车
   C. 长途旅行　D. 孕妇保健操
   E. 不疲劳的家务劳动
6. 不符合早期妊娠运动与休息的是
   A. 减少弯腰及下蹲动作
   B. 运动时间以 1 小时为宜
   C. 运动以轻松、缓慢的方式进行
   D. 孕妇每天应有 8 ～ 9 小时的睡眠
   E. 运动地点应选择安静、舒适、方便休息的地方
7. 孕妇每天适宜的睡眠时间是
   A. 5 ～ 6 小时　B. 7 ～ 8 小时
   C. 8 ～ 9 小时　D. 9 ～ 10 小时
   E. 6 ～ 7 小时
8. 关于早期妊娠用药正确的说法是
   A. 对胚胎、胎儿组织分化影响不大
   B. 中药无毒副作用
   C. 选择对孕妇疾病有效的药物即可
   D. 可服用保健品、补药
   E. 妊娠 12 周内尽量避免用药
9. 早期妊娠最常见的疾病是
   A. 流产　B. 输卵管妊娠
   C. 妊娠剧吐　D. 糖尿病
   E. 葡萄胎
10. 胎儿发育过程中，受各种因素影响易导致畸形的时期是
   A. 妊娠 18 周内　B. 妊娠 8 周内
   C. 妊娠 20 周内　D. 妊娠 16 周内
   E. 妊娠 10 周内
11. 孕妇接触了感染弓形虫的猫、狗后，容易发生
   A. 高血压　B. 糖尿病
   C. 胎儿畸形　D. 早产
   E. 过期产
12. 妊娠中期营养指导不正确的是
   A. 荤素兼备　B. 粗细搭配
   C. 品种单一　D. 少吃多餐
   E. 注意饮食卫生
13. 妊娠中期进行产前检查的正常间隔时间是
   A. 每周 1 次　B. 每 2 周 1 次
   C. 每 3 周 1 次　D. 每 4 周 1 次
   E. 每 5 周 1 次
14. 从孕中期起，孕妇体重增长每周应为
   A. 0.1 ～ 0.2kg　B. 0.3 ～ 0.5kg
   C. 0.2kg 以下　D. ＞ 0.5kg
   E. 0.5 ～ 1.0kg
15. 中期妊娠最容易接受的运动方式是
   A. 跑步　B. 旅游
   C. 散步　D. 游泳
   E. 骑车
16. 胎教开始时间
   A. 妊娠 13 周起　B. 妊娠 16 周起
   C. 妊娠 20 周起　D. 妊娠 28 周起

E. 妊娠 30 周起

17. 抚摸胎教法指导不当的是

A. 在孕 24 周以后进行

B. 每次 5 ～ 10 分钟，每周 3 次

C. 在每天晨起后进行

D. 配合轻松、愉快的音乐效果佳

E. 过早出现不规律宫缩的孕妇不宜使用

18. 不适宜妊娠中期心理调适的是

A. 避免心理过于放松

B. 可以适当从事轻松的家务劳动

C. 学习分娩知识，消除对分娩的恐惧

D. 妊娠中期应可正常上班

E. 做好分娩前培训，母亲讲解分娩的痛苦

19. 妊娠中期孕妇不会出现的生理特点是

A. 有明显的妊娠反应

B. 孕妇的腹部越来越膨隆

C. 腹部可触及胎体

D. 孕妇可有自觉胎动

E. 面部、乳头、乳晕有色素沉着

20. 中期妊娠保健目的中，你认为最主要的是

A. 为孕妇提供心理支持

B. 保证孕妇健康与胎儿正常发育

C. 做好生活与卫生指导

D. 避免接触有害因素

E. 早预防、早发现中期妊娠并发症

21. 关于妊娠期胎儿生理特点的叙述正确的是

A. 妊娠 12 周末，胎儿指（趾）甲已达指（趾）端

B. 妊娠 14 周末，胎儿脑部发育，能控制身体动作

C. 妊娠 16 周末，胎儿已有呼吸运动

D. 妊娠 20 周末，胎儿生活能力强、易存活

E. 妊娠 16 周末，由胎儿的外生殖器可确认性别

22. 正常的胎动频率为每 2 小时

A. 1 ～ 2 次　　B. 3 ～ 5 次

C. 6 ～ 8 次　　D. ≥ 6 次

E. ＜ 6 次

23. 世界卫生组织关于妊娠期贫血的标准是孕妇外周血 Hb 及血细胞比容值分别

A. ＜ 60g/L，＜ 0.30　　B. ＜ 80g/L，＜ 0.30

C. ＜ 110g/L，＜ 0.30　　D. ＜ 110g/L，＜ 0.33

E. ＜ 120g/L，＜ 0.33

24. 正常情况下孕妇整个妊娠期体重增长范围为

A. 4 ～ 6kg　　B. 6 ～ 8kg

C. 8 ～ 10kg　　D. 10 ～ 12kg

E. 12 ～ 14kg

25. 孕妇出现以下哪种情况时需要立即处理

A. 胎动 3 次 / 小时　　B. 胎动 5 次 / 小时

C. 胎动 6 次 / 小时　　D. 12 小时胎动 20 次

E. 12 小时胎动小于 10 次

26. 妊娠晚期孕妇胎动计数正确的是

A. 从妊娠 32 周开始胎动计数

B. 正常时 12 小时胎动数应 <20 次

C. 孕妇计数胎动应持续到 36 周

D. 12 小时胎动 <10 次提示胎儿宫内缺氧

E. 正常胎动 10 次 / 小时

27. 妊娠后血容量高峰是在

A. 28 ～ 30 周　　B. 30 ～ 32 周

C. 32 ～ 34 周　　D. 34 ～ 36 周

E. 36 ～ 38 周

28. 不符合晚期妊娠孕妇生理变化的是

A. 不规律的子宫收缩

B. 宫颈管变软，呈黑加征

C. 易引起右侧肾盂肾炎

D. 仰卧位低血压综合征

E. 血液呈高凝状态

29. 晚期妊娠孕妇饮食与中期妊娠相比，主要需增加

A. 蛋白质的摄入　　B. 糖类的摄入

C. 叶酸的摄入　　D. 铁的摄入

E. 盐分的摄入

30. 妊娠晚期每天应增加进食蛋白质

A. 10g　　B. 15g

C. 20g　　D. 25g

E. 30g

31. 晚期妊娠孕妇的食物选择正确的是

A. 精选一两个优质品种

B. 蔬菜、水果要新鲜

C. 多吃盐腌类食物

D. 多吃辛辣食物

E. 宜喝浓茶

32. 关于晚期妊娠生理特点的叙述错误的是

A. 腰酸、髋部轻度疼痛

B. 呼吸加快，弯腰受限

C. 尿频

D. 血液低凝

E. 活动不便

33. 含锌最多的食物是

A. 牡蛎　B. 水果

C. 豆类　D. 蔬菜

E. 肝

34. 下列哪项不属于晚期妊娠的常见疾病

A. 前置胎盘　B. 胎盘早期剥离

C. 早产　D. 流产

E. 仰卧位低血压综合征

35. 下列对晚期妊娠孕妇心理调节无帮助的是

A. 培训孕妇了解分娩知识

B. 做好充分的分娩准备

C. 无病情需要不宜提早入院

D. 母婴用品的精心选购

E. 提早入院对孕妇最合适

36. 孕产妇系统保健手册记录不包括

A. 历次产前检查结果

B. 分娩过程母婴情况

C. 计划妊娠时情况

D. 产后访视产妇情况及处理过程

E. 产后访视婴儿情况及处理过程

37. 与妊娠期子宫变化不相符的是

A. 妊娠期，生殖系统变化以子宫增大最为明显

B. 早期妊娠，子宫峡部变软最为显著

C. 妊娠晚期，子宫多呈不同程度右旋

D. 妊娠 11 周后，增大的子宫在耻骨联合上方可触及

E. 足月妊娠时子宫下段可伸长至 7 ～ 10cm

38. 与胎儿正常发育特征相符的是

A. 妊娠 5 周末出现胎心搏动

B. 妊娠 9 周可辨别胎儿性别

C. 妊娠 10 ～ 14 周孕妇可有自觉胎动

D. 足月时身长 50cm，体重 3400g

E. 足月时身长 40cm，体重 2700g

39. 有关孕期卫生的叙述不正确的是

A. 孕期饮食应多样化

B. 妊娠期慎用激素和抗生素

C. 妊娠晚期取仰卧位

D. 妊娠最后 2 个月避免盆浴

E. 妊娠头 3 个月、后 3 个月禁止性生活

40. 妊娠晚期孕妇每周体重增加不应超过

A. 0.25kg　B. 0.5kg

C. 1kg　D. 2.5kg

E. 5kg

41. 孕产妇系统管理由什么时候开始

A. 早期妊娠　B. 中期妊娠

C. 晚期妊娠　D. 产后 42 天

E. 孕前

42. 孕产妇系统保健管理，采用医疗保健机构的三级分工管理制度。在三级分工中的一级机构对划片区内的全体孕产妇负责，一级机构是指

A. 基层医疗保健机构如社区卫生服务中心或站

B. 县及县级以上医疗保健机构

C. 市及市级以上医疗保健机构

D. 区及区级以上医疗保健机构

E. 乡及乡级以上医疗保健机构

43. 孕产妇产后访视共 3 次，包括

A. 产后 1 天，产后 7 天，产后 14 天

B. 产后 1 天，产后 7 天，产后 28 天

C. 产后 3 天内，产后 7 天，产后 14 天

D. 出院 3 天内，产后 28 天，产后 42 天

E. 出院 3 天内，产后 14 天，产后 28 天

A_2 型题

44. 高某，女，26 岁，已婚。停经 40 天，B 超诊断为早孕，下述错误的是

A. 厌油腻、食欲缺乏、乏力

B. 阴道、宫颈着色

C. 子宫偏软，略大

D. 子宫升至耻骨联合上 1 横指处

E. 阴道分泌物增多

45. 妊娠 8 周后，孕妇乳晕周围皮脂腺肥大，形成散在结节状隆起，称为

A. 妊娠小节　B. 皮脂腺斑

C. 蒙氏小节　D. 妊娠斑

E. 皮脂腺小节

46. 刘某，女，36 岁，已婚。平素月经不规则，周期 2 ～ 3 个月，经期 5 天，停经 42 日时查尿 HCG 为阳性。现停经 14 周，宫底高度在

耻骨联合上2横指，为明确诊断应选择

A. X线摄片　　B. 尿妊娠试验

C. B型超声　　D. 胎儿监护

E. 胎儿心电图

47. 张某，妊娠30周，产前检查无异常，护士指导其进行最简单、最常用的自我监护胎儿的方法是

A. 胎心听诊　　B. 自我胎动计数

C. 尺测宫高、腹围　　D. B超检查

E. 电子胎心监护

48. 徐某，女，28岁。顺利娩出一女婴，身长52cm，体重3500g，发育良好，皮肤呈粉红色，皮下脂肪多，出生后哭声响亮，生存能力强。估计该新生儿娩出时孕周为

A. 26周　　B. 30周

C. 32周　　D. 36周

E. 40周

A_3/A_4 型题

（49～51题共用题干）

陈某，女，26岁，已婚。停经52天，出现晨起呕吐8天。平素月经规律，周期28～30天，持续5天。妇科检查：外阴阴道正常，宫颈呈紫蓝色，子宫如孕50天大小，质软，双附件正常。B超检查见胎心搏动。

49. 此时她处于妊娠的

A. 早期妊娠　　B. 中期妊娠

C. 晚期妊娠　　D. 月经期

E. 妊娠前期

50. 助产士向该孕妇做孕期保健指导时，告知与胎儿致畸无关的因素是

A. 吸烟　　B. 喷洒农药

C. 口服甲硝唑　　D. 补充乳酸钙

E. 酗酒

51. 活疫苗接种是妊娠期禁忌，以下何种疫苗可以注射

A. 风疹　　B. 麻疹

C. 腮腺炎　　D. 流感

E. 水痘

4

第4章 分娩期保健

怀胎十月，一朝分娩，有的女性一听到分娩就会有恐惧之感，分娩真的有那么恐怖吗？其实分娩是一个正常、特殊的生理过程，是孕妇过渡到母亲、胎儿过渡到新生儿的关键时期。绝大部分的产妇能顺利生产。有的产妇在产程中会突发各种异常情况增加母儿的危险性，是母儿患病和死亡的主要原因；有的产妇因为分娩期剧烈疼痛的刺激会引起紧张、恐惧等心理反应，影响分娩的正常进行，尤其是初产妇对这种刺激反应会更加强烈，影响产程进展，甚至发生难产。因此，医务人员不仅要有娴熟的助产技术，而且要给产妇全面的引导与支持，使其消除不必要的紧张和恐惧，轻松面对分娩，迎接宝宝的降生；降低产妇、围生儿的患病率和死亡率。

第1节 分娩期保健原则

一、产妇分娩方式的选择

随着孕周增长，面临即将到来的分娩，孕产妇及家人对于分娩方式的选择会有困扰。在选择分娩方式前，医务人员应让产妇及家人充分了解各种分娩方式的优缺点，产妇经详细的全身检查和产科检查后，经过全面评估，帮助产妇选择合适的分娩方式。目前我国常用的分娩方式有自然分娩、手术分娩、无痛分娩、水中分娩等。

（一）自然分娩

自然分娩是指在有安全保障的前提下,不加以人工干预,让胎儿经阴道娩出的分娩方式。

1. 自然分娩的优点

(1) 对胎儿的影响：①经过产道时，胎头受挤压、脑部充血，可提高呼吸中枢的兴奋性，有利于新生儿出生后迅速建立正常呼吸。②分娩过程中子宫有规律的收缩，能让胎儿肺部得到锻炼，有利于胎儿出生后呼吸的建立，可促进肺成熟，出生后很少发生肺透明膜病。③将胎儿呼吸道内的羊水和黏液排挤出来，降低新生儿吸入性肺炎的发生。④通过应激反应可使肾上腺皮质激素增多，促进免疫因子的产生而增强机体抗病能力。⑤胎儿在产道内受到触、味、痛觉及本位感的刺激，促进神经系统功能发育，可能对今后运动及性格形成有好处。

(2) 对产妇的影响：①产妇不受药物的影响，无手术和麻醉的风险。②分娩阵痛使产妇体内内分泌变化，大脑中产生内啡肽而产生兴奋感，垂体分泌的缩宫素能促进产程的进展并促进产后乳汁分泌。③产后恢复快，可以尽早亲自照顾孩子。④减少出现产后出血及感染等并发症的机会。

2. 自然分娩的缺点 分娩过程相对较长，且需忍受较长时间阵痛；盆底肌肉张力降低。

（二）手术分娩

手术分娩包括阴道助产手术分娩和剖宫产分娩，以剖宫产分娩为主。剖宫产是一个剖开腹壁及子宫取出胎儿及其附属物的手术助产方法。

1. 优点　①挽救母婴的生命：当产妇阴道分娩困难或经阴道分娩可能对产妇或胎儿有危险时，就需要剖腹生产。②免去母亲自然分娩的阵痛。③择期剖宫产可选择合适的手术时机进行手术。④缩短产程。

2. 缺点　①损伤大、增加术中及产后出血和感染等并发症概率。②术后疼痛明显、影响母乳喂养。③产妇住院时间长、产后恢复较慢。④影响再次妊娠及分娩。⑤剖宫产儿早期未能暴露于产道微生物环境，不利于其免疫系统的建立和成熟，导致过敏风险增高。

（三）水中分娩

水中分娩是阴道分娩的一种方式，指在分娩过程中，新生儿的头部是完全浸没在水中直到身体全部在水下娩出，随后立即将新生儿抱出水面。

1. 优点　①使产妇身心放松，减少疼痛。②可采取自由体位分娩，并降低产妇血压。③促进宫口扩张、缩短产程，减少产程中产道损伤概率。

2. 缺点　①母儿均容易感染。②费用昂贵。③新生儿水中窒息风险增加。

链接

水中分娩新进展

美国儿科学会（AAP）联合美国妇产科学会（ACOG）在2014年4月发表了一项最新有关水中分娩的公告。报告中指出：在第一产程中使用分娩池可能对产妇有些帮助，例如，减轻疼痛、减少麻醉药物剂量和缩短产程，但是没有任何证据支持第二产程的水中分娩（水下接生）对母婴有益处，相反却会引发严重甚至致命的风险。为了保障新生儿的健康和安全，ACOG和AAP提出以下建议：①制订严格的方案筛选适合水中待产的孕妇；②定期维护和清洁水中分娩的浴缸和浸泡池；③遵循感染控制的各项规章制度；④定期监测水中产妇和胎儿；⑤一旦产妇或胎儿出现异常情况，应将产妇迅速、安全地转移出分娩池。

二、“四消毒、四严、五防、三不准、一加强”

新法接生要求产时要做到“四消毒、四严、五防、三不准、一加强”。新法接生是指按照临产的规律，用科学的方法消毒接生。产时“四消毒”即消毒产包、消毒接生者的手、消毒产妇的外阴、消毒新生儿脐带。“四严”即严密观察产程、严格无菌操作、严格阴道检查指征、严禁乱用缩宫素。“五防”即防滞产、防感染、防产伤、防出血、防窒息。“三不准”即不准发生新生儿破伤风、不准发生会阴Ⅲ度裂伤、不准发生产褥感染。“一加强”即加强高危孕妇的产时监护和处理。

考点 四消毒、四严、五防、三不准、一加强。

本章以自然分娩为例，介绍产妇分娩期保健。

第2节　第一产程保健

案例 4-1

产妇，邓某，30岁，职员。第一胎，孕38周，下腹阵痛2小时入院。由于受到影片中痛苦分娩剧情的影响，产妇一直对分娩有恐惧心理。入院后精神紧张，宫缩时表情痛苦，大喊大叫，紧抓其丈夫的手不放。检查：宫缩持续35秒，间歇3～4分钟，中等强度，枕左前位，胎心音136次/分，肛查宫口开大2cm，先露S^{-2}，胎膜未破。

问题：1. 应如何减轻产妇的恐惧心理及疼痛？

2. 应如何对其进行产程指导？

第一产程又称宫颈扩张期，是指从规律宫缩开始至宫口开全，初产妇需11～12小时，经产妇需6～8小时。在分娩的三个产程中，第一产程的时间最长。正确对产妇实施第一产程的保健指导是保证分娩顺利进行的重要措施。

一、第一产程的生理、心理及社会特点

（一）第一产程产妇的生理、心理及社会特点

1. 生理特点 随着产程进展，宫缩持续时间逐渐延长、间歇时间逐渐缩短，强度逐渐增大，产妇的疼痛感随之增强。因第一产程时间长且伴有疼痛刺激，产妇不能很好休息，体能消耗较大。若进食不足、不及时补充营养和水分，会发生脱水、酸碱平衡失调，甚至全身衰竭。

2. 心理特点 第一产程产妇由于生理变化而发生心理变化，会出现恐惧、焦虑、抑郁、孤独、依赖等心理。这些心理变化会影响分娩的正常进行，使产程延长或导致难产。

(1) 恐惧：产妇入院后，由于宫缩的疼痛和环境的改变，当规律宫缩开始后表现出对疼痛的敏感、紧张、不安和恐惧，时刻担心自己和胎儿的安危。尤其是初产妇，没有分娩经验，产前从各种途径了解的信息多是分娩的痛苦和危险，周围待产妇的哭叫声、自身宫缩的疼痛，均使产妇对阴道分娩缺乏信心。

(2) 焦虑：产程开始后，宫缩所致的腹痛、对即将发生的分娩的不可把握性，是产妇产生焦虑的最直接原因。第一产程时间相对较长，随着产程的进展，宫缩逐渐增强，腹痛也逐渐加重，产妇期待减轻疼痛和尽快结束分娩，表现为焦虑、易怒、哭泣、烦躁不安、情绪不稳、失去自控；有的产妇没有信心坚持下去，对自己能否正常分娩持怀疑态度，刚进入第一产程就要求以剖宫产尽快结束分娩。

(3) 孤独感与依赖：陌生的分娩环境、与家属分离、医护人员严肃的态度易使产妇出现孤独无助感。由于缺乏分娩期的相关知识，再加上对疼痛的忍受性差，绝大多数产妇都表现出强烈的依赖性，尤其是一直生活在优越环境中的初产妇，心理承受能力和吃苦耐劳的意志较为薄弱，对父母、丈夫的依赖心理很强，随着宫缩疼痛的加剧，部分产妇这种依赖心理逐渐加重，表现为强烈要求有亲人在身边陪伴，否则会加重孤独、烦躁。依赖表现的强弱还与个人的性格、受教育程度、职业等都有一定的关系。若再遇到医务人员繁忙、照顾不及时或麻木冷漠，得不到应有的心理安慰，会表现出无助、悲观失望，甚至出现对周围的人和事物极其淡漠、默不作声、不与周围的人交流、抑郁、不配合医务人员给予的产程指导。

考点： 第一产程产妇的心理特点。

链接

分娩疼痛的部位和程度

大多数产妇在阴道分娩中都会感到不同程度的疼痛，部位在腹部，部分同时伴有背部的疼痛。据报道有50%的产妇分娩时感受到剧烈疼痛，认为难以忍受（20%甚至可达“痛不欲生”的地步）；35%的产妇感受到中等程度的疼痛，认为可以忍受；仅15%的产妇分

娩时有轻微的疼痛感觉。

3. 社会特点 分娩的经历对于女性及其家庭会产生久远的影响，关系母婴健康和家庭的幸福。产妇在分娩时希望得到来自丈夫、亲人、朋友的陪伴和支持，同时家属也会随着产程进展表现出焦虑不安，希望能陪伴在产妇身边，给予支持和帮助，减轻对产妇的担忧程度。痛苦的分娩经历会造成产后乃至远期的心理疾病。因此，医护人员一方面要正确处理产程；另一方面也要对产妇进行精神上的安慰和心理上的支持，实施陪伴分娩，使产妇消除恐惧、焦虑心理，提高心理应激能力，使分娩顺利进行。

（二）第一产程胎儿的生理特点

胎儿在子宫收缩的作用下，在产道内沿着产轴逐渐下降，并完成衔接、下降、俯屈、内旋转等动作。在下降过程中，胎头、胎心会出现一些适应性变化。

1. 胎心的变化 正常胎心率为 110 ～ 160 次 / 分，钟摆律。进入产程后，当子宫收缩时血管受压，流经子宫、胎盘的血液量减少，胎儿暂时处于缺血、缺氧状态，多表现为胎心率加快，是胎儿对暂时缺氧反应良好的表现；宫缩早期的胎心率减慢为宫缩时胎头受压引起，不受孕妇体位或吸氧而改变，一般不需特殊处理。在宫缩间歇期，子宫、胎盘缺血状态明显缓解，胎心率恢复正常。

2. 胎头的变化 在自然分娩过程中，随着胎先露下降，胎头受产道的挤压，颅骨发生轻度重叠，使头颅径线缩小，胎头体积变小，利于娩出，即胎头的可塑性。同时，胎头局部软组织的血液循环受影响，发生水肿，形成产瘤，产瘤一般在出生后 1 ～ 2 天自行消失，不需处理。

二、第一产程的保健

（一）第一产程保健的目的、意义

1. 监测第一产程进展情况。
2. 为产妇提供第一产程的保健指导和心理支持，促进自然分娩。
3. 预防和及时发现、处理第一产程并发症。

（二）第一产程保健的内容和措施

1. 检查与监测的内容

(1) 监测宫缩：产程中应连续定时观察并记录宫缩持续时间、间歇时间及强度，掌握其规律，指导产程进行。常用监测宫缩的方法有两种，即人工监测和仪器监测，最简单的检查方法是人工监测，检查者将双手掌置于产妇宫底部的腹壁上，感觉宫缩时宫体隆起变硬，间歇时松弛变软；第一产程初期每隔 1 ～ 2 小时检查 1 次，随宫缩增强检查次数逐渐增多。也可用胎儿监护仪描记宫缩曲线，通过宫缩曲线可以看出宫缩强度、频率和每次宫缩持续时间，它是反映宫缩的客观指标。

(2) 产程进展情况

1) 宫口扩张和胎先露下降：通过肛查或阴道检查，了解宫颈管消失、宫颈口扩张和胎先露下降情况。潜伏期每 2 ～ 4 小时检查一次，活跃期每 1 ～ 2 小时检查一次，宫口接近开全时每半小时检查一次。肛查不清楚者可在严格消毒下行阴道检查，将检查结果详细记录于产程图上。

2) 绘制产程图（图 4-1）：在分娩过程中将宫口扩张及胎先露下降情况连续描绘所形成

的图形称产程图。产程图由宫口扩张曲线和胎先露下降曲线构成。通过产程图可以直观了解产程进展情况，预示分娩时间，及早发现产程异常并及时处理，从而降低滞产及母婴并发症的发生。

考点：第一产程产程监测的内容。

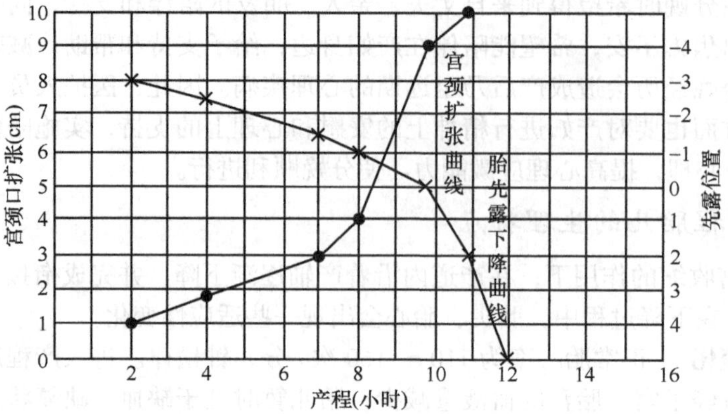

图 4-1　产程图

(3) 监测生命体征：每天测量体温、脉搏、呼吸 2 次，每 4 ～ 6 小时在宫缩间歇期测量血压 1 次。有妊娠期高血压疾病的产妇要增加测量次数，血压超过 150/100mmHg 时应报告医生及时处理，防止子痫的发生。

(4) 胎心的监测：潜伏期每隔 1 ～ 2 小时听 1 次胎心，活跃期应每隔 15 ～ 30 分钟听胎心 1 次，注意胎心的频率和节律。听胎心选择在宫缩间歇期，每次听诊 1 分钟，并详细记录。胎心率超过 160 次 / 分或低于 110 次 / 分，应及时查找原因。高危孕妇，必要时应用胎儿电子监护仪监测胎心的变化，观察胎心率变异及其与宫缩、胎动的关系，及时了解胎儿宫内的情况。

(5) 羊水的监测：正常情况下，胎膜多在宫口近开全时自然破裂，前羊水流出，应立即听胎心音，同时观察羊水性状、颜色及量并记录破膜时间。发现异常及时查明原因，防止发生脐带脱垂。当胎儿缺氧时肠蠕动亢进、肛门括约肌松弛，致胎粪排出，污染羊水，若胎儿头先露时羊水中混有胎粪，呈黄绿色，说明胎儿可能有宫内窘迫。

2. 产程指导

(1) 饮食保健指导：临产后由于宫缩疼痛的刺激，产妇食欲明显减退，甚至出现进食后呕吐；子宫肌纤维收缩及紧张恐惧使能量消耗增加；产程中产妇的呼吸加深加快、出汗增多、大喊大叫，可导致水分丢失。如果不及时补充食物和水分，产妇可出现疲劳、衰竭、脱水和酸碱平衡失调，从而引起宫缩乏力、胎儿窘迫，导致产程异常。因此，鼓励产妇利用宫缩间歇期少量多次进食高热量、易消化、清淡的食物，以流质、半流质为佳，保证产妇有良好的产力，使产程顺利进行。必要时静脉补液以维持产妇体力。

(2) 卫生保健指导：指导并协助产妇擦汗、更衣、沐浴，指导产妇注意外阴清洁，排便后及时清洗外阴部，保持外阴部清洁、干燥。

(3) 活动与休息：若胎膜未破，初产妇宫口扩张 5cm、经产妇宫口扩张 3cm 以内时可鼓励产妇在室内适当活动，以促进胎先露下降及宫口扩张，减轻宫缩疼痛。初产妇宫口扩张 5cm、经产妇宫口开大 3cm 以上或有阴道流血、胎膜已破、用镇静剂后等情况时，应卧床休息，取左侧卧位。指导产妇利用宫缩间歇期闭目休息，以保持体力和精力。

(4) 排尿与排便：第一产程应指导产妇每 2 ～ 4 小时排尿 1 次，以免膀胱充盈影响胎头下降。因胎头压迫不能自行排尿者，经检查确认膀胱充盈时应予以导尿。初产妇宫口扩张小于 4cm、经产妇宫口扩张小于 2cm 并排除禁忌证时可行温肥皂水灌肠，灌肠后能清除粪便，既能避免分娩时被粪便污染，又能反射性刺激子宫收缩，加速产程进展。

考点：第一产程产程指导的内容。

资格考链接

初产妇邓女士，25 岁，因妊娠 39 周临产入院，肛查宫口开大 4cm，胎头下降 S^{-2}，未破膜。护士应告知产妇

A. 严格卧床休息　　B. 鼓励进水　　C. 不鼓励进食
D. 屏气用力　　E. 尽量不要自主排尿

分析：该待产妇处于第一产程，未破膜，可自由活动；分娩过程中消耗大量能量，应鼓励和帮助产妇在宫缩间歇期少量多次进食，可进食高热量、富含糖和蛋白质的流质或半流质食物，并注意摄取足够的水分，以保证精力和体力充沛。临产后鼓励产妇每 2～4 小时排尿 1 次，以免膀胱充盈影响宫缩及胎头下降，同时避免尿潴留。故选 B。

3. 分娩镇痛　分娩时的剧烈疼痛可以导致产妇体内发生一系列神经内分泌反应，使产妇发生血管收缩、胎盘血流减少和酸中毒等，对产妇及胎儿产生不良影响。临床常采用无痛分娩来减轻产妇分娩时的疼痛。

理想的分娩镇痛具有以下特征：①对母婴的影响小。②易于采用且起效快、作用可靠、适合各产程的特点。③无运动阻滞，不影响产妇的活动和宫缩。④产妇清醒，可参与分娩过程。⑤满足必要时剖宫手术的需要。常用的镇痛方法有两种，即非药物性分娩镇痛和药物性分娩镇痛。世界卫生组织提倡、目前国内也广泛推广使用的是非药物性分娩镇痛。

（1）非药物性分娩镇痛：方法较多，可根据产妇具体情况选择使用。

1）导乐陪伴分娩：是分娩镇痛心理疗法最重要的模式，详见本章第 5 节。

2）第一产程体位选择：世界卫生组织于 1996 年在《正常分娩监护实用手册》中提出产时自由体位，提倡产妇自由选择分娩体位，不提倡采用膀胱截石位或平卧位分娩。目前国内许多医院和妇幼保健机构已不限制分娩体位，并让产妇选择自由体位分娩。自由体位分娩是由产妇自主选择的一种感觉最舒适且能缓解疼痛的分娩体位，是一种更合乎自然分娩的体位，如走、站、蹲、坐位等，这些体位均为竖式分娩。竖式分娩的优点：胎儿纵轴与产轴相一致，可促进胎先露下降，使胎头对宫颈的压力增加，反射性地引起有效宫缩，使宫颈口扩张，加快产程进展，减少难产的发生率。临产初期宫缩不强、未破膜，产妇可在病室内适当活动。初产妇宫口扩张 5cm、经产妇宫口扩张 3cm 以前且胎膜未破者，可选择站立、蹲位或半蹲位、端坐或半卧位等自由体位，以自我感觉舒适、疼痛减轻为原则。一般不主张仰卧位，以免发生仰卧位低血压综合征。

3）调节呼吸法：指导产妇根据宫缩强度，调整呼吸频率和节律，产妇在宫缩开始时，用鼻深吸气，然后经口慢慢呼出，全身放松；宫缩间歇期恢复正常呼吸。深呼吸运动可以增加氧气的吸入，从而减轻子宫肌肉的疲劳，同时可以转移注意力，保持镇静，使子宫收缩既有力又协调。

链接

调节呼吸法之拉玛泽减痛分娩法

拉玛泽分娩法，也被称为心理预防式的分娩准备法。这种分娩方法，从怀孕 7 个月开始一直到分娩，通过对神经肌肉控制、产前体操及呼吸技巧训练的学习过程，有效地让产

妇在分娩时将注意力集中在对自己的呼吸控制上，从而转移疼痛，适度放松肌肉，能够充满信心，在产痛和分娩过程中保持镇定，达到加快产程并让婴儿顺利出生的目的。

4）按摩法：通过按摩可缓解分娩疲劳和减轻宫缩引起的疼痛。可选择从头部开始，向下做全身按摩，也可根据产妇情况，按摩腹部和压迫腰骶部（图 4-2 和图 4-3）。在第一产程应用中医的穴位按摩可以明显缓解疼痛。

考点：非药物性分娩镇痛的方法。

5）水浴或水中分娩：可选择温水浴或湿毛巾热敷腰背部以减轻疼痛。水的浮力可以缓解身体关节的承受力，水的温度可以使人身心放松，水中分娩可缓解疼痛，加速产程。

6）其他：音乐疗法、催眠疗法、穴位针刺和电刺激疗法、无痛分娩仪等。

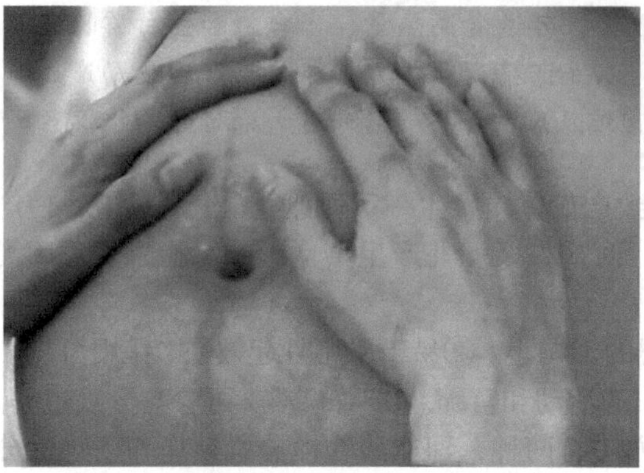

图 4-2　按摩腹部镇痛

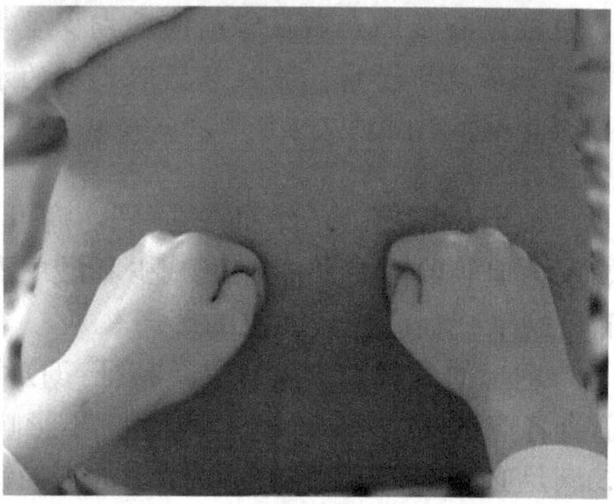

图 4-3　压迫腰部镇痛

（2）药物性分娩镇痛

1）常用的分娩镇痛药物包括：①麻醉性镇痛药芬太尼、舒芬太尼和瑞芬太尼。②局麻药利多卡因、布比卡因和罗哌卡因。③吸入麻醉药氧化亚氮。这些药均能够通过胎盘进入胎儿体内。目前临床上常将小剂量麻醉性镇痛药和低浓度局麻药联合用于腰麻或硬膜外镇痛。这两类药复合使用镇痛效果好，互补可减少麻醉性镇痛药剂量和降低局麻药浓度，并进一步降低母体低血压、瘙痒和胎儿呼吸抑制的可能，是目前首选的分娩镇痛药组合。吸入性麻醉药氧化亚氮经减压和流量挥发器给予面罩吸入，浓度为 40% ～ 50%，应用时需防止产妇缺氧或过度通气；优点是无需特殊的麻醉操作，使用方便，缺点是镇痛不全和产房环境污染较大。

2）药物分娩镇痛的方法包括：①连续硬膜外镇痛。②产妇自控硬膜外镇痛。③腰麻 - 硬膜外联合阻滞。④微导管连续腰麻镇痛。⑤产妇自控静脉瑞芬太尼镇痛。⑥氧化亚氮吸入镇痛。上述镇痛方法均适用于第一、二产程。

3）药物分娩镇痛的时机：产妇进入临产至第二产程均可用药。无分娩镇痛禁忌证的产妇，当开始规律宫缩，疼痛评分（VAS）>3（孕妇的疼痛影响了睡眠，尚能忍受）时，只要产妇提出要求，可给予药物分娩镇痛。

4）药物分娩镇痛的适应证：①无剖宫产适应证。②无硬膜外麻醉禁忌证。③产妇志愿。

5）药物分娩镇痛的禁忌证：①产妇拒绝。②凝血功能障碍、接受抗凝治疗期间。③局部皮肤感染和全身感染未控制。④产妇难治性低血压及低血容量、显性或隐性大出血。⑤原发性或继发性宫缩乏力和产程进展缓慢。⑥对所使用的药物过敏。⑦已经过度镇静。⑧伴严重的基础疾病，包括神经系统严重病变引起的颅内压增高、严重主动脉瓣狭窄和肺动脉高压、上呼吸道水肿等。

6）药物分娩镇痛的注意事项：施行药物性分娩镇痛需要麻醉医生、产科医生和助产士的密切配合完成。告知产妇和家人药物镇痛的用药方法及优缺点，密切配合观察用药的镇痛效果和不良反应，一旦出现呼吸抑制、硬膜外麻醉并发症如硬膜外血肿、硬膜外感染、神经根损伤、下肢感觉异常等，应立即通知医师进行处理。

4. 心理调适

（1）知识宣教，消除恐惧，增强自信：对产妇和家人进行分娩知识的宣传教育，使他们了解产程的经过。给产妇介绍产房的环境和医务人员，消除对环境的陌生感；耐心讲解宫缩与分娩的关系、产程中遇到的问题，以及分娩时如何配合等，使她们了解分娩是正常的生理现象，增强自信；给产妇介绍现代的医疗措施能为母儿安全度过分娩过程提供安全的医疗保障，消除对自身和胎儿安全的过分担心；随时向产妇介绍产程进展情况，增强产妇的自信心，减轻其心理压力和恐惧。

（2）加强沟通交流，减轻产妇焦虑：在第一产程中，医务人员应主动与产妇交谈，态度和蔼、语言亲切，了解她们的思想状况，及时解决她们提出的问题和需要，这样可以加深双方的感情，使产妇感到亲切信赖，情绪稳定。对吵闹不安者，要更加热情，细心、耐心地照顾和安慰。倾听产妇叙述各种不适和内心感受，了解引起产妇焦虑的真正原因加以调适，并及时给予鼓励；支持鼓励其丈夫及家人陪伴，指导或帮助按摩下腹部、压迫腰骶部，以减轻疼痛，避免过多地消耗体力。鼓励产妇下地活动，以分散注意力，最大程度上减轻产妇的恐惧和焦虑。

（3）给予关怀与鼓励：此时产妇在生理、安全、关爱、尊重方面的需要比平时强烈，医护人员应态度和蔼、多用鼓励性语言，帮助产妇消除抑郁，树立信心；创造相对轻松舒适的环境，待产室内保持安静、清洁，物品摆放整齐，减少环境因素对产妇造成的不良刺激，促进分娩顺利进行。如发生异常情况，应保持冷静，避免言语或肢体语言对产妇造成不良影响。

考点：第一产程产妇心理调适的方法。

5. 社会支持　为缓解产妇的紧张与孤独感，助产人员和产妇的丈夫、家人可陪伴产妇分娩，以便让其随时诉说内心的感受及需求，有助于缓解疼痛。陪伴分娩对产妇是一种社会支持，能有效减轻产妇的孤独、紧张和恐惧心理，及时处理产妇的各种情况，避免不必要的医疗辅助手段的损害，降低难产及剖宫产率，使分娩更安全、顺利。目前常采用的陪伴分娩方式是丈夫陪伴分娩、助产士与丈夫共同陪伴分娩、助产士陪伴分娩、导乐陪伴分娩。

6. 第一产程常见疾病的预防和保健

（1）产程延长：多由宫缩乏力引起，初产妇常因精神过度紧张、恐惧分娩所致，疲劳、能量补充不足等也可引起宫缩乏力，也见于子宫因素、胎位异常和药物影响等。产程延长表现为潜伏期延长、活跃期延长和活跃期停滞。

预防和保健：①加强产程指导，注意指导产妇休息、补充能量、排尿和排便。加强产程观察，有潜伏期延长倾向应及时处理，采取加强宫缩的措施，如刺激乳头；针刺或指压合谷、三阴交、关元等穴位；必要时可静脉滴注缩宫素和人工破膜；有剖宫产指征者应及时行剖宫产。②胎头下降延缓，多因持续性枕后位、枕横位所致，可行手转胎头或阴道助产术，若失败应立即改为剖宫产。

（2）宫颈水肿：产妇宫颈水肿多由于宫颈前唇长时间受压于胎头和耻骨联合之间或产妇过早使用腹压引起，前者多见于滞产、头盆不称、骨盆狭窄、胎头俯屈不良、胎方位异常等。宫颈水肿于活跃期多见。

预防和保健：①产妇临产前参加适当的活动和锻炼，消除产妇的恐惧心理，预防因宫缩无力而造成的滞产。②悬垂腹或腹壁松弛者，加用腹带纠正胎儿向前倾斜的姿势；骨盆倾斜度大者，产妇取半坐卧位，上身半卧，双下肢抬高伴膝关节屈曲以缩小骨盆倾斜度。③指导产妇宫口未开全时不要过早用腹压。④有剖宫产指征者应尽早行剖宫产术。

(3) 胎儿窘迫、脐带脱垂：详见本章第3节。

资格考链接

去除产妇孤独感的最好的社会支持方式为

A. 整洁产房环境　　B. 陪伴分娩　　C. 给产妇喂食水

D. 提高助产士的业务技能　E. 认真观察产程

分析：陪伴分娩对产妇是一种社会支持，能有效减轻产妇的孤独、紧张和恐惧心理，及时处理产妇的各种情况，避免不必要的医疗辅助手段的损害，降低难产及剖宫产率，使分娩更安全、顺利。故选B。

第3节　第二产程保健

案例 4-2

李某，28岁，农民。孕2产0，第一孕因异位妊娠于2013年在外院行手术治疗，现妊娠38周，因腹痛5小时于2015年10月5日9点30分入院。入院查体：枕左前位，宫缩持续时间35～45秒，间歇时间2～3分钟，中等强度，胎心音132次/分，宫口开大2cm，先露S^{-2}，胎膜未破。入院后产程进展顺利，于下午6点15分宫口开全，胎膜自然破裂，先露平棘，胎心音136次/分，宫缩持续40～50秒，间歇1～2分钟，中等强度，送入产房准备接生，此时产妇精神高度紧张，担心不能自然分娩，要求丈夫陪伴在身旁。

问题：1. 应如何监测该产妇的产程？

2. 如何对该产妇进行产时指导？

第二产程又称胎儿娩出期，是指从宫口开全至胎儿娩出，初产妇需1～2小时，经产妇需数分钟到1小时。此期，宫缩强烈而频繁，产妇的精神心理变化异常复杂，是保障母儿安全最紧张、最关键的时刻。应严密观察产程，指导产妇与接产人员密切配合，切实做到“五防、一加强”，对维护产程顺利进行、保证母儿健康将起到重要的作用。

一、第二产程的生理、心理及社会特点

（一）第二产程产妇的生理、心理及社会特点

1. 生理特点

(1) 规律性宫缩增强，辅力参与分娩过程：进入第二产程后，子宫收缩持续时间逐渐延长，每次可达到1分钟或更长，间歇时间缩短仅为1～2分钟，子宫收缩强度和频率都达到高峰。子宫体部肌肉进一步缩复变厚，子宫下段拉长变薄。随着产程进展，当胎头下降至骨盆出口（骨盆下口）压迫骨盆底组织时，产妇出现排便感，不由自主向下屏气用力，腹肌、膈肌、肛提肌均有力收缩参与分娩过程，会阴膨隆变薄，极度伸展，肛门松弛、哆开。产妇因子宫强烈收缩，阵发性腹痛加剧，不能很好进食和休息，容易出现疲乏无力。

(2) 生命体征：宫缩时血压可增高5～10mmHg，间歇期与基础血压相比收缩压不超过30mmHg。因产力的加强以及机体能量消耗增加引起的代谢加速，可有轻度体温升高，

一般不超过38℃，脉搏和呼吸频率加快。

2. 心理特点

(1) 紧张、焦虑与恐惧：进入第二产程，频繁的子宫收缩、疼痛强度加剧、胎头下降压迫直肠和盆底组织产生的便意感，使产妇极度紧张、焦虑与恐惧，心理压力加大，可出现无助感、表情痛苦，疼痛阈下降，痛觉敏感性提高，有的呻吟不止，大喊大叫，甚至哭泣。这些紧张、恐惧和焦虑的心理可能会导致产妇迫切希望减轻疼痛和尽快结束分娩。产妇这种消极的心理状态可导致产力减弱，产程延长，影响产程进展。

(2) 孤独感与依赖性：进入第二产程，产妇进入分娩室后与家人分离。陌生的分娩环境及与家人分离使产妇紧张、恐惧和孤独感进一步加重，产生更加强烈的依赖性，害怕无人陪伴，常用手牵拉陪伴者或医务人员的手不肯松开，忧心忡忡，担心出现异常情况无人帮助。

(3) 缺乏自信：恐惧会使产妇的自信心丧失，产妇的恐惧与焦虑源于其自身对即将发生的分娩结果的不可把握性，部分产妇因惧怕疼痛和出现意外，对自然分娩缺乏信心，时刻担心自己不能顺利完成分娩，甚至要求剖宫产结束分娩。

考点： 第二产程产妇的生理、心理特点。

3. 社会特点 第二产程随着产程的进展、疼痛的加剧，产妇会更加紧张、焦虑与烦躁，控制能力较差，甚至提出一些无理要求。医务人员对此可能感到厌烦又无可奈何而影响服务态度，产妇家属因产妇即将进入分娩关键时刻以及与产妇分离而更加紧张、焦虑和担忧，这样会造成医务人员和家属对产妇支持力量减弱。

（二）第二产程胎儿的生理特点

1. 胎头拨露、着冠、娩出 宫口开全后，胎膜多已自然破裂，在良好产力的推动下，胎头下降加速，逐渐拨露、着冠，最后仰伸娩出，继之胎肩、胎体娩出，羊水随之涌出。

2. 胎体的变化 胎体在子宫收缩的作用下，呈间歇性下降，经产道逐渐娩出。胎体各部位在通过产道的过程中被不断挤压，发生一系列适应性转动，以适应骨盆各平面不同的径线；另外，经产道挤压分娩对胎儿出生后生理功能的完善有一定促进作用。胎儿头部不断受挤压，刺激胎儿呼吸中枢，有利于出生后迅速建立正常呼吸。胎儿的胸部受到挤压后，可使1/3的肺和呼吸道内的液体被排出，有利于预防新生儿湿肺和新生儿吸入性肺炎的发生。

3. 胎心率的变化 进入第二产程后，子宫收缩频率加快，收缩强度增加，持续时间延长，胎儿易发生急性缺氧而导致胎心率发生变化。

二、第二产程的保健

（一）第二产程保健的目的、意义

1. 监测第二产程进展情况，维护产程顺利进行。
2. 为产妇提供第二产程的保健指导和心理支持。
3. 预防和及时发现、处理第二产程并发症。

（二）第二产程保健的内容和措施

1. 检查与监测的内容

(1) 宫缩情况：第二产程要密切观察宫缩情况，注意检查宫缩持续时间、间歇时间及宫缩强度，尤其对高危产妇，更应加强观察和护理，及时发现产力异常，防止滞产的发生。

(2) 胎心监测：进入第二产程，需严密监测胎心，通常每5～10分钟听诊1次，每次听诊1分钟，注意胎心频率、节律及强度，有条件最好应用胎儿监护仪监测胎心，如出现胎心异常应立即报告医生，给产妇吸氧、取左侧卧位，同时寻找原因并及时处理，必要时尽快阴道助产或剖宫产结束分娩。

(3) 胎先露下降情况：进入第二产程应认真观察胎先露下降的程度，并将检查结果描记在产程图上，了解胎头最低点与母体骨盆坐骨棘的关系，若出现胎头下降停滞，应查明原因，及时处理，防止滞产给母儿带来的损伤。

(4) 羊水：产妇如未破膜，应给予人工破膜。破膜后除听胎心外，还要注意观察羊水的颜色、量及性状。若为头先露，羊水中混有胎粪伴有胎心监护异常时，表明胎儿宫内缺氧，会引起胎粪吸入综合征（MAS），造成不良胎儿结局，应积极给予处理。

链接

羊水胎粪污染与胎儿窘迫

长期以来，羊水胎粪污染一直被认为是胎儿缺氧的标志，导致临床过度干预。最新研究表明，妊娠晚期出现的单纯羊水胎粪污染是胎儿胃肠道发育成熟的表现，孕周越大，羊水胎粪污染的概率越高，属“生理性排便”所致，而非胎儿窘迫的征象。但当羊水胎粪污染伴有其他监测指标异常时，应考虑胎儿窘迫。羊水量可作为一项参考指标，当仅出现羊水Ⅱ～Ⅲ度污染时，如羊水量正常，可以继续观察；如羊水量减少，则浑浊的羊水易诱发胎盘血管收缩，导致胎儿气道阻塞、缺氧而引起肺损伤。产程中发现羊水Ⅱ～Ⅲ度污染时，有条件应测定胎儿头皮血pH，以了解胎儿体内酸碱状况。分娩方式需结合考虑其他监测指标、产程进展情况以及胎儿大小等因素综合决定。

(5) 生命体征：注意观察呼吸、脉搏、血压情况，注意妊娠期高血压疾病产妇面部表情及精神状态，观察病情有无变化。

2. 产程指导

(1) 第二产程分娩体位选择：第二产程产床床头可抬高30°～60°，产妇自由选择侧卧、半坐卧或坐位，屏气用力至分娩结束；或在胎头拨露准备接生时转为膀胱截石位。产妇两腿不必受弯曲分开的限制，容易通过屏气、用力等方法协助胎头下降，能使疼痛减轻并利于分娩；侧卧位、半坐卧位、坐位分娩可减轻胎儿对腹部的压迫，缓解下腔静脉受压，改善子宫、胎盘血流量，增加胎儿血液供应，降低胎儿呼吸窘迫和新生儿窒息、缺氧、酸中毒的发生概率；第二产程时取坐式体位可增加腹压，使产力增加、加快产程。

自由体位分娩的不足之处：需要医护人员和助产士时刻陪同，并进行产程观察；要随时做好接生的准备。为了适应产妇的体位，助产者甚至需要蹲着或者跪着接生，与膀胱截石位分娩相比，这加大了助产者的工作难度和强度；产妇产程加快，有发生软产道裂伤的危险，使会阴保护难度加大（图4-4）。如遇子宫收缩较强、胎儿较小、产程进展较快者，为避免分娩导致软产道损伤，产妇仍需采用膀胱截石位分娩（图4-5）。

(2) 指导产妇屏气：宫口开全后，指导产妇正确使用屏气动作可有效增加腹压，加速产程进展。若使用不当，可导致宫颈水肿、体力过度消耗，影响产程进展。正确使用腹压的方法是：宫口开全后，产妇双足蹬在产床上，双手用力握住产床把手，在宫缩开始时，深吸气屏住，然后如解大便样向下用力，坚持6～8秒后呼气，再深吸气屏住，如此重复，每次宫缩4～6次。宫缩间歇期，产妇停止屏气用力，全身肌肉放松，安静休息。再次宫缩时重复上述屏气动作。当胎头着冠后，此时若宫缩强，指导产妇宫缩时张口哈气，缓解腹压，在宫缩间歇期时稍向下屏气用力，使胎头缓慢娩出，防止因胎儿娩出过快导致软产道裂伤。

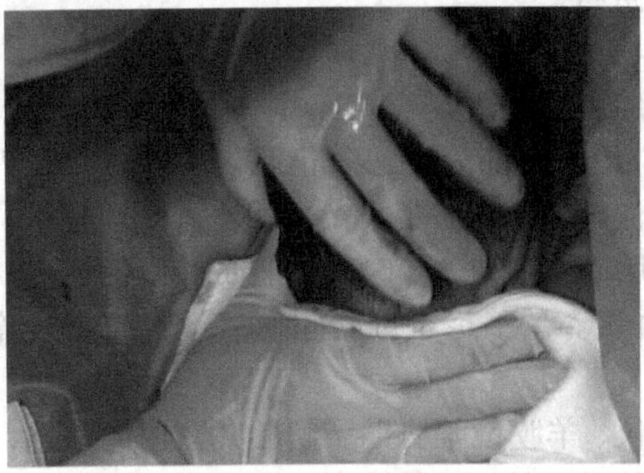

图 4-4　保护会阴

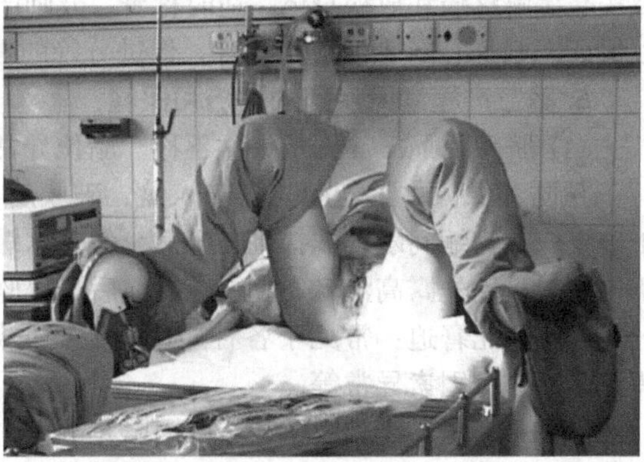

图 4-5　第二产程体位——膀胱截石位

(3) 分娩镇痛：可继续采用第一产程介绍的非药物性分娩镇痛或药物性分娩镇痛。

(4) 放松疗法：可调整产妇的心理 - 生理功能紊乱。指导产妇学会在宫缩间歇期放松，可消除肌肉和精神紧张，缓解疲劳，有利于第二产程保持产力，顺利完成分娩过程。常用的放松疗法如下：①有意识地放松。指导产妇对机体某部位的肌肉进行收缩、放松、再收缩、再放松的反复练习，最后达到有意识地放松局部紧张肌肉的目的。②触摸放松。护理人员或陪伴者用手触摸产妇的紧张部位，如腰骶部、前臂、下肢等，帮助产妇放松局部肌肉。③意念放松。产妇通过想象美好的事物，使其感到舒适、安全和受到鼓舞，达到身心平和的状态。④放松性音乐疗法。放松性音乐疗法可明显缓解产妇焦虑心理，缩短产程时间、降低剖宫产率及新生儿窒息的发生率。

(5) 保持体力：第二产程中产妇的体力和精力消耗很大，为保持良好的产力，指导产妇宫缩间歇期休息，放松全身肌肉，恢复体力，同时适当进食高热量、易消化的食物，如牛奶、饮料等；避免大喊大叫，以免增加能量的消耗，产妇易精疲力竭而影响子宫收缩和正确使用腹压。

3. 心理调适　第二产程宫缩频繁，产妇精神高度紧张，担心、焦虑、恐惧的心理进一步加重，要求医护人员处理问题果断熟练，给产妇建立自信心，同时兼顾给予产妇安慰和理解，缓解产妇的紧张、恐惧心理，争取产妇的密切配合，顺利完成分娩过程。

(1) 知识宣教：可简单讲解胎儿的娩出过程，在分娩过程中产妇如何配合及其原理。产妇了解第二产程的相关知识后，情绪稳定，很大程度上减轻产妇的焦虑及恐惧心理。

(2) 转移注意力：为缓解紧张心理，产房的医务人员应热情主动以和蔼的态度、亲切的语言与产妇交流，转移产妇注意力，使产妇产生亲切感、信任感，逐步形成对医务人员的信赖，听从医务人员在产程中的指导，积极配合完成分娩过程。

(3) 及时激励，增强自信心：指导产妇屏气用力及配合技巧时，若产妇能按要求完成，要及时给予表扬和鼓励，用赞美语言夸奖产妇，充分调动产妇的积极性，发挥其最大潜能，主动配合完成分娩；也可及时报告产程进展，帮助产妇树立信心，让产妇确信“我能行”，消除其紧张及恐惧心理。

4. 社会支持　第二产程历时较短，却是产妇身体承受痛苦最多、心理压力最大的时期，此时产妇需要更多的关怀和支持，助产人员更要和颜悦色，忙而不乱，以娴熟的技术给产妇安全的感觉。随着新医学模式的改变，陪伴分娩已逐渐开展，对产妇充分体现“以人为本”的服务宗旨，这是社会支持的体现。在第二产程陪伴者时刻伴随在产妇身边，指导产妇正确使用腹压，并告诉产妇配合的技巧，在宫缩间歇期协助进水、进食，为产妇擦汗以及按摩缓解疼痛和放松身体，适时称赞、鼓励产妇，缓解产妇的紧张和恐惧，给产妇信心，以保证产妇身心舒适，密切配合，促进分娩的顺利进行。

5. 第二产程常见疾病的预防和保健

(1) 脐带脱垂：常见于头盆不称、胎位异常、胎膜早破。

预防和保健：①若胎先露未入盆，破膜后，应抬高臀部静卧，防止脐带脱出。②行人工破膜应在宫缩间歇期选择高位破膜，使羊水缓慢流出，防止脐带滑出。③若宫口开全后，仍未破膜且胎先露高浮者，应在破膜前后严密监测胎心的变化，及时发现脐带受压的情况。

(2) 胎儿窘迫：常见于各种原因引起的母体血氧含量不足、母胎间血氧运输或交换障碍及胎儿自身因素异常等。

预防和保健：①勤听胎心，可用胎儿电子监护仪、羊膜镜等协助了解胎儿宫内的状态，观察胎动情况，一旦发现胎儿窘迫应积极寻找原因并及时处理。②认真观察产程进展情况，防止第二产程延长。③当胎儿窘迫纠正效果不佳、产妇有恐惧的心理时，要防止因交感神经兴奋导致胎盘供血不足，引发胎儿窘迫。

(3) 软产道裂伤：常见原因有会阴保护不当、胎儿娩出过快、阴道助产操作粗暴。

预防和保健：正确保护会阴，指导产妇正确屏气用力，防止胎儿娩出过快，助产时手法要轻柔，特别是应用器械助产时要严格按操作规程进行，减少对母儿的损伤。

考点：第二产程的保健内容和措施。

资格考链接

某初产妇，28岁，孕 39^{+1} 周，已临产，规律宫缩，当子宫口开全后，下列保健措施中不正确的是

A. 可选择半坐卧位分娩，利于产程进展

B. 严密监测生命征、宫缩、胎心率、胎先露下降情况

C. 宫缩间歇期休息，适当进食，保持良好体力

D. 转移注意力，缓解紧张情绪

E. 当胎头着冠后，指导产妇在宫缩期使用腹压，加快胎头娩出

分析：第二产程，为避免胎头娩出过快，造成产妇软产道损伤，在胎头着冠后，应指导产妇在宫缩期张口哈气，缓解腹压；而在宫缩间歇期时稍向下屏气用力，使胎头缓慢娩出。故选E。

第4节　第三产程保健

第三产程又称胎盘娩出期，是指从胎儿娩出至胎盘娩出，需5～15分钟，最多不超过30分钟。此期是防止新生儿窒息、预防产后出血的关键时期。因此，加强第三产程的保健对保证母儿健康和减少母儿发病率有着重要的意义。

一、第三产程的生理、心理及社会特点

（一）第三产程产妇的生理、心理及社会特点

1. 生理特点

(1) 子宫收缩：胎儿娩出后，子宫底下降至平脐，产妇略感轻松，宫缩暂停几分钟后又重新出现。产妇复现阵发性腹痛，宫体变硬呈球形，宫底升高达脐上。

(2) 胎盘剥离及娩出：因胎儿娩出后子宫腔容积突然明显缩小，胎盘不能相应缩小与

子宫壁发生错位而剥离，子宫继续收缩，剥离面积继续扩大，直至胎盘完全剥离娩出。

(3) 产妇疲劳：由于第二产程产妇体能消耗大，如未能及时补充，胎儿娩出后表现出疲乏无力、嗜睡，甚至因体内热量不足出现寒战。

(4) 生命体征：胎儿娩出后，由于腹部压力骤减，产妇回心血量暂时性减少，心排血量减少，短时间内可有血压下降，严重者可出现晕厥或休克。产妇的体温较第二产程有所降低，呼吸变浅、变慢，心率减慢。

2. 心理特点　胎儿娩出后，产妇往往会出现初为人母的兴奋、激动或因孩子性别与其期望不符而出现失望、悲伤等心理变化，负性心理严重时会影响子宫的收缩及乳汁的分泌，甚至引起产后大出血。

(1) 兴奋：面对新生儿的诞生，当听到新生儿的第一声啼哭时，大多数产妇由紧张、担忧转为兴奋，情绪激动，急于看到或触摸新生儿。表现出健谈、多问，尤其想了解新生儿的情况，当新生儿一切正常时，对新生儿所有的担忧便瞬间消失。

(2) 焦虑、失望：第三产程再现的宫缩痛可使部分产妇再度出现焦虑，尤其是看到新生儿的性别与其主观愿望不相符时而出现沮丧、失望，表现为沉默寡言、表情淡漠或哭泣，有的产妇甚至出现感知异常，注意力不能集中，对医务人员的指导不能理解；或者新生儿有先天畸形，新生儿窒息需要抢救等，会更加焦虑，表现为烦躁不安，也会引起心悸、呼吸加快、血压升高、全身肌肉颤抖等表现。产妇情绪的剧烈变化，会导致子宫平滑肌对缩宫素的敏感性下降，引起子宫收缩乏力，导致胎盘滞留，甚至发生产后大出血。

> **考点：**第三产程产妇的心理特点。

3. 社会特点　当胎儿娩出后，产妇家属的紧张、焦虑情绪也会随之消失，多将注意力转移到新生儿。个别家庭也可因新生儿性别不如意，对产妇态度冷漠，甚至冷语相对，增加产妇的心理压力。个别医务人员因产妇分娩结束而放松对产妇的指导和观察，使产妇失去最有力的社会支持。

（二）新生儿的生理特点

1. 呼吸　胎儿娩出脐带结扎后 PO_2 下降，PCO_2 上升，刺激颈动脉窦化学感受器，通过传递信息，呼吸中枢调节，促发首次呼吸；生后第 1 小时内呼吸频率为 60 ～ 80 次 / 分，1 小时后降至 40 次 / 分左右。

2. 循环系统　新生儿出生后结扎脐带，胎盘循环终止；随着新生儿呼吸的建立、肺泡扩张和肺循环的建立，左心压力高于右心压力，卵圆孔、动脉导管关闭，右向左分流停止。新生儿心率波动较大，通常为 90 ～ 160 次 / 分。新生儿血压平均为 70/50mmHg。

3. 消化系统　新生儿出生后 24 小时内排出墨绿色黏稠的糊状胎粪，2 ～ 3 天排完。

4. 泌尿系统　新生儿一般在出生后 24 小时内排尿。最初几天每日排尿 4 ～ 5 次，1 周后每日排尿次数可达 20 余次。

5. 神经系统　新生儿头相对较大，大脑重量占体重的 1/10；大脑皮质兴奋性较低，处于抑制状态，睡眠时间长，每天为 20 ～ 22 小时。

6. 体温调节　新生儿体温调节中枢发育不完善，其体温易受外界环境温度的变化而波动，且皮下脂肪薄，体表面积相对较大，易散热，要注意保暖。

> **考点：**新生儿的生理特点。

二、第三产程的保健

（一）第三产程保健的目的、意义

(1) 监测第三产程进展情况。

(2) 为产妇提供第三产程的保健指导和心理支持。

(3) 预防和及时发现、处理第三产程并发症。

(二) 第三产程保健的内容和措施

1. 检查与监测的内容

(1) 产妇检查与监测的内容

1) 子宫收缩情况：子宫轮廓清楚，宫体变硬呈球形，提示子宫收缩正常；反之，则为子宫收缩不良。

2) 胎盘是否剥离：宫体变硬呈球形，下段被扩张，宫体呈狭长型并升高达脐上，同时有阴道流血，阴道口外露的脐带自行下降延长，在耻骨联合上方轻压子宫下段时，宫体上升而外露的脐带不再回缩，提示胎盘剥离，可协助胎盘娩出。

3) 检查胎盘、胎膜：胎盘娩出后，将胎盘铺平，检查胎盘母体面是否有胎盘小叶缺损。然后提起胎盘，检查胎膜是否完整，仔细检查胎膜边缘是否有断裂的血管，以便及时发现副胎盘等。

4) 检查软产道：胎盘娩出后，仔细检查宫颈、阴道、尿道口周围、小阴唇内侧、会阴有无裂伤。若有裂伤应及时缝合。

5) 生命体征：胎儿娩出后，应立即测量产妇的呼吸、脉搏、血压，有异常者应及时寻找原因，防止第三产程并发症的发生。

6) 评估出血量：常用的方法有三种。①容积法。新生儿断脐后，立即取一弯盘放在产妇臀下，接取经阴道流出的血液，用量杯测量。②面积法：浸湿两层敷料的面积估算，15cm×15cm 敷料完全浸湿为 10ml。③称重法：失血量≈（有血敷料重－干敷料重）÷1.05（血液比重为 1.05）。正常分娩出血量不超过 300ml。

7) 留产房观察 2 小时：产后 2 小时是预防产后出血的关键时期，应引起重视。胎盘娩出后，应给产妇擦去汗液，撤去湿床垫，有条件者进行擦浴，更换衣服，垫上消毒会阴垫，保暖，让产妇安静休息。测量血压与脉搏，观察阴道流血量、子宫收缩情况、宫底高度、膀胱充盈及会阴伤口等情况。产后 2 小时无异常者，将产妇及新生儿送至母婴休养室。

(2) 新生儿检查与监测的内容

1) 新生儿 Apgar 评分：可用于判断有无新生儿窒息及窒息的严重程度，出生后 1 分钟内要进行评分，评分以心率、呼吸、肌张力、喉反射、皮肤颜色五项体征为依据，每项 0～2 分，满分 10 分。判定标准：8～10 分为正常新生儿，4～7 分为轻度窒息，3 分以下为重度窒息。缺氧较严重的新生儿，应在出生后 5 分钟、10 分钟时再次评分，直至连续两次评分均≥8 分。1 分钟评分是出生时的情况，反映在宫内的情况，5 分钟及以后评分反映复苏效果，与预后关系密切（表 4-1）。

表 4-1 新生儿 Apgar 评分法

体征项目	得分		
	0 分	1 分	2 分
心率	0	＜100 次	≥100 次
呼吸	0	浅慢且不规则	佳
肌张力	松弛	四肢稍屈曲	四肢屈曲活动好
喉反射	无反应	有些动作	咳嗽、恶心
皮肤颜色	全身苍白	躯干红，四肢青紫	全身红润

2) 新生儿体格检查：①测量头围、体重、身长，评价新生儿的发育情况与孕周是否相符。②检查头部有无产瘤、血肿。③检查四肢活动情况是否正常，有无骨折、神经损伤。④检查新生儿有无畸形，如多指、唇腭裂、脊柱裂、肛门闭锁等。⑤注意观察脐带断端有无渗血。

2. 产程指导

(1) 保持产力：胎儿娩出后，产妇疲乏无力，指导产妇利用短暂的宫缩间歇时间休息，全身肌肉放松，减少一切不必要的能量消耗，以保持良好的产力完成第三产程。

(2) 指导屏气：当确认胎盘已经剥离，于宫缩时助产者右手轻拉脐带，左手按压宫底的同时指导产妇向下屏气用力增加腹压，协助胎盘娩出。

(3) 建立亲子关系：新生儿处理完毕后，30分钟内将新生儿抱于母体胸前进行皮肤接触，并吸吮乳头。母子皮肤接触可增进母子感情，有助于亲子关系的建立。通过新生儿吸吮乳头，能促进产妇乳汁的分泌，加强子宫收缩，减少产后出血的发生，而且能稳定母亲的情绪。

3. 心理调适 第三产程的顺利进行与否，直接影响产妇产后的康复。应加强第三产程产妇的心理调适，消除其焦虑、抑郁的心理状态，避免产妇情绪波动过大而出现产后大出血。

(1) 知识宣教：部分产妇对分娩的全过程不了解，缺乏第三产程的相关知识，胎儿娩出后就误认为分娩结束了，不能很好地配合医务人员，轻微的检查刺激就会引起产妇的喊叫，有焦虑的产妇表现会更明显。所以，必要的知识宣教必不可少。

(2) 转移注意力：产妇适度的兴奋可保持旺盛的精力，利于第三产程的完成。但过度兴奋会消耗大量的体能，影响第三产程的进展。所以，要指导过度兴奋的产妇在第三产程中安静下来。对好奇、多问的产妇引导其注意力转移到第三产程，嘱全身放松、闭目休息，以恢复体力，等待宫缩重新启动，完成胎盘剥离和娩出。

(3) 疏导：医务人员或分娩陪伴者要与产妇交谈，充分调动起产妇的自豪与满足感，细心观察胎儿性别对产妇情绪波动的影响，及时发现产妇的焦虑或抑郁情绪，鼓励产妇说出内心的想法和不良感受，针对焦虑的原因进行安抚和劝导，给予同情、理解和支持，帮助产妇树立信心，配合助产者顺利完成第三产程。

4. 社会支持 新生儿出生后，产妇的情绪波动较大，情感脆弱，渴望得到足够的关怀和良好的休息环境来满足心理和生理的需求。要继续保证产房安静无刺激，产房的设备摆放要规整，助产者做事要从容，避免发生明显的器械碰撞声，减少对产妇的感官刺激。丈夫或陪伴者应给产妇关爱和体贴，医务人员应及时给予指导。在各方共同努力下，最大程度上减轻产妇的心理负担，保证产妇安全度过第三产程。

考点：第三产程的保健内容和措施。

资格考链接

正常分娩的出血量一般不超过

A. 100ml　B. 200ml　C. 300ml　D. 400ml　E. 500ml

分析：正常分娩出血量一般不超过300ml。故选C。

5. 第三产程常见疾病的预防和保健

(1) 产后出血：最多见于子宫收缩乏力，其次是胎盘滞留、软产道损伤和凝血功能障碍。

预防和保健：①控制胎儿娩出的速度，注意保护会阴，减少会阴裂伤的发生；分娩结束后应仔细检查软产道有无裂伤，如有裂伤立即缝合，注意按解剖层次缝合。②胎儿前肩娩出后立即使用缩宫素，胎盘娩出后子宫收缩不者良可按摩子宫配合使用宫缩剂，促进收缩。③识别胎盘剥离征象，胎盘剥离前避免过早牵拉脐带、按摩子宫，胎盘剥离后协助胎盘完整娩出；胎盘娩出后认真检查胎盘胎膜是否完整，如有残留应立即清宫；若胎盘粘连，可试行徒手剥离胎盘术，若剥离困难疑有胎盘植入，停止剥离，根据患者出血情况及胎盘剥离面积行保守治疗或子宫切除术。④产后应在产房观察 2 小时，注意阴道流血情况、生命体征、子宫收缩情况及膀胱是否充盈。

(2) 新生儿窒息：多见于胎儿窘迫的延续、新生儿呼吸道阻塞、肺发育不良、缺氧缺血性脑病、分娩过程中产妇使用了麻醉剂或镇痛剂等。

预防和保健：①积极纠正第二产程的胎儿窘迫。②当胎儿窘迫纠正效果不佳、有产程延长胎头受压时间过长时，应尽快阴道助产或剖宫产娩出胎儿，缩短第二产程。③在胎儿娩出前慎重选用镇痛剂，防止新生儿呼吸中枢受抑制引起窒息。④早产儿多发生肺发育不良，分娩前 3 天或 24 小时内给产妇使用地塞米松，促进胎肺成熟。

(3) 软产道损伤：常见的为宫颈、阴道、会阴、外阴裂伤，多由胎儿娩出过快、软产道局部病变、助产手术操作不当及胎儿与产道不相适应等引起。

预防和保健：①第二产程中指导产妇正确使用腹压，避免胎儿娩出过快。②积极防治外阴和宫颈水肿。③施行助产手术手法要轻柔，切勿粗暴，牵引方向要正确。④提高助产者接产技术，熟练掌握会阴保护的方法及技巧。⑤正确使用缩宫素。

第 5 节　爱母分娩行动与导乐陪伴分娩

“爱母分娩行动”是世界卫生组织倡导的产时服务的新理念，目的在于促进、保护、支持自然分娩。“导乐陪伴分娩”是“爱母分娩行动”的具体实施和体现，“导乐陪伴分娩”使妇女觉得痛苦的事情——分娩变得神圣而快乐。

案例 4-3

产妇王某，25 岁，第一胎，妊娠 39 周，腹痛伴阴道流液 1 小时，由其丈夫、婆婆和妈妈陪同入院。检查：精神状态尚好，心肺听诊正常，枕右前位，宫缩中等强度，持续时间 30 ～ 40 秒，间歇 5 ～ 6 分钟，胎心音 142 次 / 分，先露 S^{-3}，胎膜已破，骨盆外测量正常。产妇在宫缩时用手按住腹部，小声呻吟，对自然分娩没有信心，欲行导乐陪伴分娩。

问题：应如何对该产妇进行导乐陪伴分娩？

一、爱母分娩行动

（一）概述

1. 爱母分娩行动提出的背景　20 世纪 70 年代末，分娩过程中过多的医疗干预和剖宫产率上升成为世界性趋势，在发达地区，特别是城市中基本实行了医疗化的住院分娩。住院分娩对有效防止产后出血、产褥感染、降低新生儿死亡率起到了重要作用，但也可给母婴身心健康带来不同程度的危害。

2. 爱母分娩行动的内容　1996 年国际卫生组织提出“爱母分娩行动”计划。“爱母分娩行动”的内容就是爱护母亲，在母亲分娩过程中加强陪伴，给予生理、心理和情感上的持续支持，增强产妇的分娩信心和力量，顺利完成自然分娩过程，避免不必要的医疗干预和手术给母婴造成的伤害。

3. 医疗化住院分娩的不当之处　①混淆了产妇与患者的界限，增加产妇紧张心理。②会阴侧切术常规使用，剖宫产手术率上升，甚至为了选择分娩日期和时间进行计划分娩或剖宫产，给母婴造成了近期和远期的伤害。③经常性非正当的产时干预，如使用缩宫素促进产程、人工破膜、人工剥膜及扩张宫颈等，产妇失去了自然分娩的权利。④固定的分娩体位等使产妇失去人性化的选择权利。

（二）“爱母分娩行动”的理论基础

1. 分娩过程的正常性　分娩是一个正常、自然、健康的过程。健康的产妇和健全的胎儿有能力完成分娩过程。自然分娩是大多数产妇最合适的分娩方式，要重视、支持和保护分娩的正常性。

2. 自然分娩的好处　人类繁衍必须要经过分娩这一正常生理过程，分娩是人类的一种本能行为。产妇和胎儿都具有主动参与并完成分娩过程的潜能。

(1) 对胎儿的好处：①分娩过程中，胎儿头部经过产道时受挤压充血，可提高脑部呼吸中枢的兴奋性，有利于新生儿出生后迅速建立正常呼吸。②胎儿胸廓受到有节奏的压缩和扩张，有利于胎儿肺泡的扩张和出生后正常呼吸的建立。③将胎儿呼吸道内的羊水和黏液排挤出来，降低新生儿吸入性肺炎的发生。④通过应激反应可使肾上腺皮质激素增多，促进免疫因子的产生而增强机体的抗病能力。⑤胎体受压，刺激神经末梢，促进胎儿神经系统发育。

(2) 对产妇的好处：①自然分娩的产妇能体验整个分娩过程，不受任何药物的影响，不经历手术和麻醉的风险。②分娩时腹部的阵痛使孕妇大脑中产生内啡肽，可给产妇带来兴奋的感觉。③垂体分泌的缩宫素不但能促进产程的进展，还能促进产后乳汁的分泌。④产后腹部无伤口，器官没有受到损伤，减少产后出血及感染的机会。⑤产后康复快，既可以及早亲自照顾婴儿，又节省了住院时间，减轻了经济负担。

考点：自然分娩的好处。

3. 支持的重要性　产妇对分娩的信心和能力受到周围人和环境的影响。在妊娠和分娩期，母婴连为一体，在产褥期，母婴虽是两个独立的个体，但密切相连。母婴间的联系是非常重要的，必须受到尊重。分娩的经历对产妇、婴儿、父亲及家庭而言都有重要而持久的影响。

4. 维护产妇的自主权　分娩是产妇应有的权利，产妇有权经历愉快、健康的分娩过程，产妇有权选择安全、满意的分娩场所，产妇有权得到关于妊娠和分娩的科学知识以及产时各种干预措施与用药利弊的相关信息，并有选用或拒用的权利。

5. 无损伤性　许多干预措施会对母婴产生影响，分娩过程不宜常规采用干预措施，必须有指征时才使用。

6. 医务人员的职责　医务人员应根据产妇个性的需求提供相应的服务。

“爱母分娩行动”提倡自然分娩，加强产时保健工作，从以医务人员为中心转变为以产妇为中心，要转变产时服务模式，更新旧的观念及常规，减少不必要的医疗干预，保护、支持、促进自然分娩。

资格考链接

下列哪项不是自然分娩的好处

A. 有利于新生儿迅速建立正常呼吸　B. 降低新生儿“湿肺”、吸入性肺炎的发生率

C. 分娩时间短，危急情况下可挽救母儿生命　D. 减少产后出血及感染概率

E. 创伤小，恢复快

分析：自然分娩相较于手术分娩而言耗时相对较长，当出现紧急情况需要对母儿进行抢救，而短时间内不能经阴道分娩时，应选择手术分娩。故选C。

（三）爱母分娩行动的实施要点

(1) 为产妇提供分娩陪伴者：陪伴分娩是坚持以产妇为中心的产时服务模式，可保护、促进和支持自然分娩，有利于提高产时服务质量，降低剖宫产率和产后出血率，是值得推广的适宜技术。

(2) 为公众提供和普及有关产时服务的操作及程序等知识：通过宣传手册、讲座、培训班、知识宣教等形式为公众提供和普及分娩知识。

(3) 为产妇提供适合当地文化风俗的监护：根据文化、宗教、习俗的不同尽量满足不同产妇的需求。我国是个多民族国家，应注意不同价值观和宗教信仰的差异，尊重不同民族产妇的民族忌讳和民族风俗，在不影响治疗、护理的前提下提供合理的服务。

(4) 为临产产妇提供自由活动场所，同意产妇自由选择体位：第一产程时鼓励产妇多走动，在别人帮助下，采取直立位、半蹲位或跪位以缓解分娩疼痛，但不主张采取平卧位或膀胱截石位。

(5) 在加强各级妇幼保健机构以及社区服务方面，有明确的规定和程序，以提供良好的围生期保健服务。

(6) 不宜常规使用缺乏科学依据的操作：如剃毛、灌肠、静脉滴注、禁食、早期人工破膜、胎儿电子监护等。其他干预措施应有一定限制，如为引产或催产使用的静脉滴注缩宫素率≤ 10%；会阴切开率≤ 20%，争取≤ 5%；社区医院剖宫产率≤ 10%，接收高危妊娠的医院剖宫产率≤ 15%；剖宫产史后阴道分娩率≥ 60%，争取≥ 75%。

世界卫生组织于 1996 年对近 10 年来世界各国产时服务技术方面的研究进行了总结，将目前常用的措施分为四大类：①有效的、应鼓励使用的措施，如陪伴分娩、全面支持、自由体位、非药物性镇痛、心理保健等，其中陪伴分娩、自由体位和非药物性镇痛是转变产时服务模式的重要措施。②无效的或有害的、应废弃的措施，如剃毛、灌肠、平卧分娩、常规补液等。③常用的但不适宜的措施，如限制饮食、全身性药物镇痛、胎儿电子监护、缩宫素静脉滴注、会阴切开术等。④需要进一步研究的措施，如第一产程早期人工破膜、分娩时宫底加压等。

链接

《促进母乳喂养成功的十点措施》

联合国儿童基金会及世界卫生组织提出《促进母乳喂养成功的十点措施》：①有书面的母乳喂养规定，并常规地传达到全体卫生人员。②对全体卫生人员进行必要的技术培训，使其能实施有关规定。③把母乳喂养的好处及处理方法告诉所有孕妇。④帮助母亲在产后半小时内开始母乳喂养。⑤指导母亲如何喂奶，以及在需与其婴儿分开的情况下如何保持泌乳。⑥除母乳外，禁止给新生儿任何食物或饮料，除非有医学指征。⑦实行 24 小时母婴同室。⑧鼓励按需哺乳。⑨不要给母乳喂养的婴儿吸人工奶头，或使用奶头作安慰物。⑩促进母乳喂养支持组织的建立，并将出院的母亲转给这些组织。

(7) 教育医务人员用非药物性镇痛，不鼓励使用镇痛剂和麻醉药：世界卫生组织提倡用非药物性镇痛，方法如下。

1) 家庭分娩环境：为产妇提供家庭式分娩场所，产妇待产、分娩均在同一房间进行，分娩所用的所有器械、药品都储藏在壁橱内，床上用品、窗帘、家具等尽可能家庭化，减少产妇紧张心理和维持良好的情绪。

2) 播放音乐：播放平时喜欢听的音乐，哼唱歌曲，转移和分散产妇注意力，降低对宫缩的感受性，增加对不适的耐受力。

3) 按摩和深呼吸：在每次宫缩时调整呼吸，宫缩间歇期有意识放松身体。

4) 自由体位：产妇可采取立、坐、蹲、跪等各种体位，以产妇舒适、缓解疼痛为准则，避免采取平卧位。

5) 热敷和温水浴：用湿毛巾热敷腰背部，温水淋浴或盆浴可缓解疼痛。水中分娩可缓解疼痛，加速产程进展。

6) 生物物理疗法：周围神经粗纤维电刺激疗法、耳针等都可以降低疼痛强度。

(8) 鼓励所有母亲和家属，在条件允许的情况下都要接触、搂抱和照顾自己的孩子，包括患病、早产及有先天性畸形的婴儿。

(9) 不主张非宗教性的男婴包皮环切。

(10) 力争达到世界卫生组织 / 儿童基金会倡导的促进母乳喂养成功的 10 点措施。

二、导乐陪伴分娩

（一）概述

1. 导乐陪伴分娩的起源　孕育新生命是繁衍后代而且幸福的事情，从 20 世纪 30 年代起在西方国家普及住院分娩，这改变了自古以来分娩常由有生育经验妇女或家人陪伴的分娩模式。住院分娩严格的消毒隔离制度使产妇与家人隔离，没有专人陪伴，产妇接触的是陌生而忙碌的医务人员，使大多数女性在分娩中产生强烈的孤独感和恐惧感，为了有效缩短和监测产程，不少产科工作者采用人工破膜、滴注缩宫素、硬膜外麻醉镇痛、常规使用胎儿电子监护仪监测等多种医疗措施，使手术产率、工作量及分娩费用也随之增加，并给母婴安全和健康带来不良影响。20 世纪 50 年代狄立斯医生通过研究证实了分娩是自然生理过程，若掌握好临产的正确诊断、采用按摩和一些非药物镇痛措施、一对一护理能预防产程延长。在此基础上，美国的克劳斯医生提出导乐分娩。导乐陪伴分娩，也称为“精神助产法”，“导乐”即希腊语“Doula”，意思为女性看护者，指一个有爱心、有生育经验和产科专业知识的妇女在产前、产时及产后陪伴孕产妇，特别是在整个分娩过程中持续地给予生理、心理、感情上的支持、帮助和鼓励，使产妇在轻松、舒适、安全的环境下，不断地得到支持和鼓励，从而充满自信心，能最好地发挥自身潜力，配合产科工作者顺利完成分娩全过程。它不仅是产时服务的一项适宜技术，能降低剖宫产率和产后出血率，也是一种以产妇为中心的服务模式，更有利于提高产时服务质量，促进母婴安全。

2. 导乐的条件　凡是有生育体验，富有爱心、同情心、责任心，乐于助人，热情，给人以信赖感，具有良好的人际交流技能的妇女都可以担任导乐。助产士和护士也可以担任导乐。

3. 工作守则

(1) 导乐的主要任务：导乐要通过目光、语言及行动来显示自己的信心，帮助产妇在产程中能最好地发挥自己的潜力顺利完成分娩过程。

(2) 持续地给产妇以支持和鼓励：通过各种途径让产妇认识到分娩过程中疼痛是正常的，消除其紧张及恐惧心理，当产妇宫缩疼痛剧烈时，指导产妇进行心理调适，采取非药物镇痛疗法缓解疼痛。也可帮助产妇将注意力集中在想象上，如想象宫口在逐渐扩张，胎儿在逐渐下降。

(3) 随时准备好使用目光、语言和抚摸等来帮助产妇：要使产妇保持乐观、平静和放松，使产妇感到舒适、安全和受到鼓舞。

(4) 细心观察并尽可能满足产妇的各种需求。

(5) 熟悉产房的环境、设备和人员，遵守医院的规章制度。

4. 导乐的培训

(1) 理论学习：了解产妇在产前、产时及产后早期的基本生理和心理特点；学习分娩基本知识、人际交流技巧、移情训练、支持技巧等心理学技能；熟悉医院常用的医疗及护理程序。

(2) 实践训练：由于每个产妇性格、生活经历、需求各不相同，导乐要学会适时、机智地满足产妇的生理和心理需要，表示其对疼痛的同情和理解，让产妇真正感受到导乐无微不至的帮助和鼓励。

（二）导乐陪伴分娩的特点

1. 以产妇为主体　导乐陪伴分娩由导乐和丈夫共同承担对产妇的产时支持与帮助，满足产妇的各种生理、心理上的需求。导乐要以亲切的目光、语言、表情去安慰和鼓励产妇，以科学的方法指导产妇减轻痛苦；同时要客观、细致地观察产妇，并根据产妇的需求，指导进行活动、饮食、休息、屏气等。

2. 一对一的服务　导乐既不同于医护人员，也不同于丈夫。医护人员的服务仅对医疗结果负责，丈夫仅给予精神上的支持和爱护，而导乐既是产妇的朋友，让产妇感到轻松自在，又是产妇和丈夫的指导者，提供科学有效的方法和建议，用抚摸、按摩、热敷、体位改变等来减缓产妇的痛苦。同时，导乐还作为医护人员和产妇沟通的桥梁，减少产妇的紧张和担忧。

3. 导乐陪伴分娩与传统分娩比较　两者相比，产妇更舒适、安全。导乐陪伴分娩真正体现了世界卫生组织倡导的“爱母分娩行动”的实质，使分娩回归自然。

（三）导乐陪伴分娩的具体实施

1. 产前访视　了解夫妇的计划和要求，陪伴夫妇一起熟悉医院环境，给孕妇形象化地示范放松动作，介绍产程中的各种体位及要求，回答孕妇对分娩的担心和问题。在访视过程中相互熟悉，增加彼此信任。

2. 产时指导

(1) 持续心理护理：①解除恐惧、焦虑心理：从产妇住进医院待产开始，导乐就陪伴在旁边，向产妇介绍分娩的生理特性，消除产妇的恐惧心理，细心观察产妇出现的各种情况，通过目光和语言显示信心，要持续地给产妇以支持和鼓励，让产妇了解分娩是一个正常、自然、健康的过程，她与别人并没有不同，帮助产妇在产程中能最好发挥她内在的力量完成分娩。②让产妇掌握主动：在产程中做任何检查和处理，都向产妇及家属解释其作用、目的和必要性，让产妇和家人了解产程进展中胎心、宫缩、宫口扩张情况，从而积极配合助产士，让产妇听到强有力的胎心，增加幸福感和安全感。及时报告产程进展情况，不断激励产妇，让产妇掌握主动。

(2) 产时陪伴：①第一产程：让产妇尽可能放松，自由走动，经常改变体位，包括站、蹲、跪、坐等，尽量避免取仰卧位。宫缩间歇时应鼓励产妇进食易消化的食物，多喝水，每 2 ～ 4 小时排尿 1 次，以免膀胱充盈影响子宫收缩及胎头下降。如胎膜未破，温水盆浴可以减轻痛感，如胎膜已破可用大的热毛巾湿敷腹部和大腿内侧，也可用温水淋浴。第一产程晚期产妇宫缩加强，间歇缩短，更应全身心地给产妇以支持和鼓励，以帮助产妇保持体力。此时可辅以导乐球活动、按摩减轻疼痛、促进胎头下降；或在导乐师陪伴下推着导乐车配合导乐枕缓慢散步，宫缩强烈时产妇可停下来，产妇的头部或者双上肢趴在导乐枕上，导乐师给予腰骶部按摩；宫缩间歇期再起来散步。站立姿势与地心引力一致，先露部压迫宫颈使其扩张，有利于胎头下降，并帮助胎儿获得通过骨盆下降时最有利的胎位，促进产程进展。②第二产程：仍提倡自由体位，自然屏气，向产妇多解释产程进展，多鼓励产妇，帮助产妇在宫缩时进行非药物镇痛，减轻痛苦，在间歇期全身放松，并给予体力上的支持照顾。此期可借助分娩凳采取较舒适的坐位或半坐卧位分娩，让产妇坐在分娩凳上，背靠丈夫，双脚分别蹬于分娩凳左右两个孔，双手抓握凳两侧向下用力，充分利用重力作用可促进产程进展。③第三产程：安慰产妇，调节产妇情绪，等待胎盘娩出。

考点：导乐陪伴分娩具体实施内容。

3. 产后指导 让新生儿与产妇早接触、早吸吮、早开奶。产后第2天可与产妇夫妇一起回忆分娩过程，畅谈分娩经验。让夫妇尽量分享正面的感受，并补充夫妇遗忘的内容。

（四）常用导乐设备

常用的导乐设备包括：导乐车、导乐球、导乐球架、导乐枕、导乐仪、导乐垫、导乐分娩凳、坐便椅等（图4-6）。

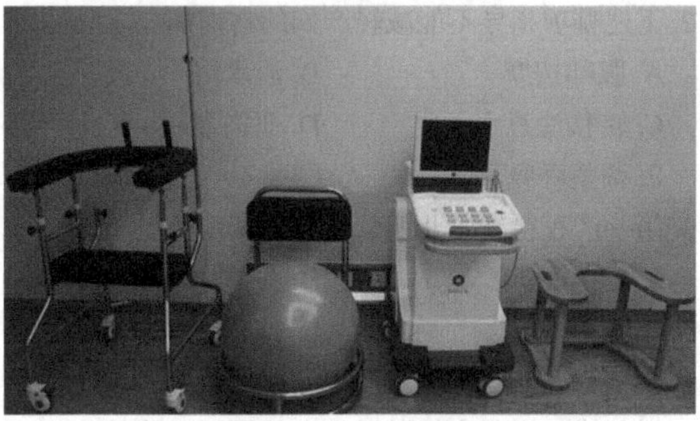

图4-6 常用导乐设备

（五）导乐分娩临床研究现状

导乐陪伴分娩是近年来国际及国内倡导的一种产时服务模式，鼓励丈夫进产房陪伴分娩，产妇还可以选择自由体位、非药物性分娩镇痛、心理保健等方式，减少分娩痛苦，满足产妇在整个分娩过程中对安全、自尊、爱与归属的需求，无论在心理上和生理上导乐陪伴分娩都降低了产妇的不愉快程度，增加了产妇在分娩过程中的舒适感。国内外研究表明，导乐陪伴分娩改变了产妇的周围环境，分娩过程中给产妇持续性、生理上的支持鼓励及精神上的安慰，可以明显减轻产妇的焦虑和恐惧情绪，同时能明显提高产妇的痛阈，缓解疼痛。由导乐陪伴的产妇由于有了安全感、自信心增强以及得到科学指导，产程可缩短25%，缩宫素滴注减少40%，镇痛药应用减少30%，剖宫产率下降50%，产后母亲恢复快，产后抑郁少，对婴儿关心照顾多，母乳喂养多而使婴儿发病减少。导乐陪伴分娩可使分娩更容易、经历更愉快、母婴更健康。全国各大医院和妇幼保健院正在积极开展“导乐陪伴分娩”的工作，受到了广大产妇及其家属的欢迎。

在临床实践中，我国产科工作者总结提出了全程责任制陪伴分娩，也称“一对一”全程陪伴分娩。这种全新产科服务模式更强调产科质量与母婴安全，其根据产科工作者特点和产妇生理要求，以母婴安全为宗旨，不受8小时工作制度的限制，比单纯的导乐陪伴分娩更先进、更人性化。自20世纪80年代以来，导乐陪伴分娩正在被广泛研究、推广，被产科工作者和产妇接受，产妇精神心理因素和家庭、社会支持越来越受到重视，转变产时服务模式已成为产科工作者的现实行动，导乐陪伴分娩所面临的问题正在不断被研究、探讨和解决。导乐陪伴分娩是推行以人为本，实行人性化、个体化服务的一项新技术，值得推广应用。

小结

分娩期保健是通过评估产妇的生理及心理状态，缓解其紧张、焦虑及恐惧情绪，开展导乐陪伴分娩，保护、支持和促进自然分娩，做好产时监护，切实做到防滞产、防感染、防产伤、防窒息、防出血，加强对高危妊娠的产时监护和产程处理，对保证产程的顺利进行、降低剖宫产率和母婴发病率有着重要的意义。

（陆 雯）

自测题

A_1型题

1. 产程中观察胎先露下降程度的标志是
   A. 耻骨弓　B. 骶骨岬
   C. 骶尾关节　D. 坐骨棘水平
   E. 坐骨结节水平
2. 下述哪项指导不能减轻产妇的宫缩痛
   A. 腹部按摩　B. 温水浴
   C. 转移注意力　D. 肌肉僵硬
   E. 调整呼吸
3. 第一产程检查胎儿颅骨，若过度重叠说明
   A. 正常分娩　B. 头盆相称
   C. 颅骨正常　D. 产程过短
   E. 头盆不称
4. 引起第一产程产妇恐惧焦虑的原因应除外
   A. 宫缩疼痛　B. 与家人分离
   C. 胎儿窘迫　D. 膀胱充盈
   E. 难产
5. 产妇出现抑郁与医务人员相关的是
   A. 麻木和冷漠　B. 主动热情
   C. 满足产妇的需求　D. 给产妇擦汗
   E. 心理调适
6. 心理调适不妥的一项是
   A. 态度和蔼　B. 表情严肃
   C. 给予同情和理解　D. 主动和产妇沟通
   E. 语言亲切
7. 判断产程进展的主要指标是
   A. 规律宫缩　B. 宫口开大
   C. 宫口扩张和先露下降　D. 破膜
   E. 胎儿下降
8. 下列哪项不是预防宫颈水肿的方法
   A. 产前适当锻炼消除恐惧心理
   B. 宫口未开全即使用腹压
   C. 腹壁松弛者使用腹带
   D. 分娩时抬下肢并屈膝以缩小骨盆倾斜度
   E. 有剖宫产指征者尽早行剖宫产术
9. 第二产程中，下述减轻腹痛的方法错误的是
   A. 调节呼吸方式　B. 压迫止痛
   C. 转移注意力　D. 按摩腹部
   E. 选择仰卧位
10. 下列哪项不是分娩第二产程产妇的心理特点
    A. 恐惧　B. 抑郁
    C. 喜悦　D. 焦虑
    E. 依赖
11. 关于第二产程中产妇的心理调适不正确的是
    A. 转移注意力
    B. 心理劝导
    C. 提醒产妇警惕异常情况的发生
    D. 精神鼓励
    E. 分娩知识宣教
12. 世界卫生组织提倡产妇分娩选择
    A. 仰卧位　B. 膝胸卧位
    C. 自由体位　D. 坐位
    E. 站立位
13. 不属于第二产程临床表现的是
    A. 规律宫缩　B. 宫口开全
    C. 胎先露下降　D. 胎膜破裂
    E. 胎头拨露
14. 下述哪项不是产妇焦虑的表现
    A. 注意力不易集中　B. 出现幻觉
    C. 感知异常　D. 烦躁
    E. 不能理解医务人员的指导
15. 新生儿 Apgar 评分的最初两次评分时间选择通常是在出生后
    A. 1 分钟内、5 分钟　B. 2 分钟内、10 分钟
    C. 5 分钟内、15 分钟　D. 20 分钟
    E. 30 分钟
16. 下列哪项不是第三产程的生理特点
    A. 胎盘剥离娩出
    B. 产妇疲劳
    C. 呼吸、心率加快，血压升高
    D. 宫缩暂时停止，产妇有短暂的轻松感
    E. 回心血量暂时性减少
17. 对于第三产程过度兴奋的产妇，下述哪项心理调适不合适

A. 闭目休息　B. 全身肌肉放松
C. 转移注意力　D. 让产妇安静下来
E. 让产妇时刻提高警惕，防止意外情况的发生

18. 新生儿出生后 1 小时内呼吸频率为
A. 16 ～ 20 次 / 分　B. 20 ～ 30 次 / 分
C. 40 ～ 60 次 / 分　D. 30 ～ 50 次 / 分
E. 60 ～ 80 次 / 分

19. 关于产后出血的原因叙述错误的是
A. 宫缩过强　B. 软产道裂伤
C. 胎盘因素　D. 宫缩乏力
E. 凝血功能障碍

20. 下列哪项不符合分娩正常性的观点
A. 分娩是人类正常的繁衍过程
B. 健康的产妇和胎儿有能力完成分娩过程
C. 分娩均需要在医生保护下进行
D. 自然分娩是正常产妇最合适的分娩方式
E. 要重视、支持和保护分娩的正常性

21. 下列哪项不是自然分娩的优点
A. 有利于新生儿建立正常的呼吸
B. 减少产后出血和感染的机会
C. 促进母亲产后泌乳
D. 利于胎儿肺泡的扩张
E. 缩短产程，减少疼痛

22. 下列哪项不是导乐应具备的条件和能力
A. 熟悉医院常用的医疗程序
B. 有爱心、同情心、责任心
C. 有良好的人际交流技能
D. 给人以威严感
E. 具有分娩基本知识

23.“爱母分娩行动”的理论基础不包括
A. 分娩过程的正常性
B. 分娩支持的重要性
C. 为缩短第二产程常规会阴切开
D. 维护产妇的自主权
E. 产妇对分娩的信心和能力受到周围人与环境的影响

24. 不符合维护产妇自主权的项目是
A. 有权得到妊娠和分娩的科学知识
B. 自主选择分娩场所
C. 有权选用或拒用各种干预措施
D. 第二产程为便于助产人员操作选择平卧位
E. 有权了解产时各种干预措施和用药利弊的最新信息

25. 下列哪项不符合“爱母分娩行动”的实施要点
A. 为部分产妇提供分娩陪伴者
B. 为孕产妇提供良好的围生保健服务
C. 为产妇提供适合当地文化风俗的监护
D. 为临产产妇提供自由走动的场所
E. 为公众提供和普及有关产时服务的操作及程序等知识

A_2 型题

26. 产妇黄女士，目前宫口开大 2cm，此时产妇的体温、脉搏、呼吸监测应
A. 每天 1 次　B. 每天 2 次
C. 每天 3 次　D. 每天 4 次
E. 每天 5 次

27. 护士小王对在第一产程中的产妇进行排尿指导，下列哪项是正确的
A. 每半小时排尿 1 次
B. 每小时排尿 1 次
C. 每 2 ～ 4 小时排尿 1 次
D. 每 4 ～ 6 小时排尿 1 次
E. 每 6 ～ 8 小时排尿 1 次

28. 张女士，宫内妊娠 40 周，已临产。肛查宫口开大 6cm，头先露 S^{+1}，下列听胎心的间隔时间正确的是
A. 每 10 ～ 15 分钟听 1 次
B. 每 15 ～ 30 分钟听 1 次
C. 每 1 ～ 2 小时听 1 次
D. 每 3 ～ 4 小时听 1 次
E. 每 4 ～ 6 小时听 1 次

29. 护士小张今天值班，她在待产室中为第一产程中的产妇进行体位指导，下列体位选择不合适的是
A. 站位　B. 跪位　C. 坐位
D. 蹲位　E. 平卧位

30. 某初产妇，孕 2 产 0，孕 39 周，3 小时前开始出现规律宫缩，急诊检查，宫缩 30 ～ 40 秒 / 3 ～ 4 分，胎心 140 次 / 分，头先露，宫口开大 2cm，下列进行肛门检查的时间正确的是
A. 每半小时 1 次　B. 每小时 1 次
C. 每 3 小时 1 次　D. 每 2 ～ 4 小时 1 次

E. 每 2 小时 1 次

31. 产妇小黎，宫内妊娠 40 周，已临产，宫口开大 4cm，此时护士对其实施的护理措施错误的为
A. 做好心理护理
B. 胎膜已破可在室内活动
C. 应观察生命体征
D. 鼓励产妇少量多次进食
E. 指导产妇每 2 ～ 4 小时排尿 1 次

32. 李女士，22 岁，第一次怀孕，孕足月临产入院，护士对其进行第一产程的健康指导，下列属于焦虑影响的是
A. 加速产程　B. 兴奋副交感神经
C. 胎儿娩出过快　D. 使产程延长
E. 对产程无影响

33. 产妇赵女士，宫口已开全，胎头着冠时应指导产妇
A. 宫缩期屏气
B. 宫缩和间歇期都可屏气
C. 宫缩时张口哈气
D. 随意屏气
E. 以上均可以

34. 某女士，孕足月临产入院，当胎头宫缩时暴露于阴道口，当宫缩间歇时又缩回阴道内，称为
A. 胎头着冠　B. 胎头拨露
C. 胎头俯屈　D. 胎头仰伸
E. 胎头下降

35. 张女士，孕足月临产入院，护士小黎要为其提供导乐陪伴分娩服务，以下符合导乐特点的是
A. 是一人对多人的服务
B. 对医疗结果负责
C. 给产妇亲密无间的爱护
D. 无条件服从医务人员的指导
E. 是医护人员和产妇间沟通的桥梁

36. 产妇黄女士，孕足月，宫口已开全，此时监护胎心间隔时间为
A. 5 ～ 10 分钟　B. 20 ～ 30 分钟
C. 40 ～ 50 分钟　D. 60 分钟
E. 1 ～ 2 小时

37. 产妇李女士宫口已开全，出现不由自主屏气的动作，产生这一动作的原因是
A. 便秘　B. 腹痛
C. 胎头下降压迫直肠前壁　D. 恐惧
E. 膀胱充盈

38. 产妇王女士，孕足月临产入院，宫口开大 5cm，自觉疼痛难忍，下述哪种措施不能减轻产妇的疼痛
A. 给硬膜外镇痛输液泵　B. 按摩
C. 氧化亚氮吸入　D. 体位选择
E. 给缩宫素

39. 产妇张女士顺利娩出一男婴，下列哪项不是产妇此时的心理特点
A. 由紧张、担忧转为兴奋
B. 喜悦
C. 可出现焦虑
D. 强烈的依赖心理
E. 健谈、多问

40. 产妇李女士顺利娩下一女婴，胎盘娩出后，产妇还应在产房内观察
A. 半小时　B. 1 小时
C. 2 小时　D. 3 小时
E. 4 小时

41. 李女士刚娩下一男婴，护士对其进行关于第三产程胎盘剥离前的产程指导，下述哪项正确
A. 给产妇大量进食，增强产力
B. 暂时闭目、全身肌肉放松
C. 在宫缩间歇期屏气用力
D. 及早牵引脐带娩出胎盘
E. 按摩子宫促进收缩

42. 某产妇，规律宫缩 15 小时后顺利娩出 3kg 的女婴，在第三产程处理中，错误的为
A. 检查软产道有无裂伤
B. 胎儿娩出后立即挤压子宫促使胎盘娩出
C. 胎盘娩出后检查胎盘胎膜是否完整
D. 第三产程结束后，产妇在产房观察 2 小时
E. 产后 2 小时情况良好，护送母婴到休养室

43. 某初产妇孕足月临产入院，入院时当班护士小张进行导乐陪伴分娩知识宣教，下列描述错误的是
A. 是一人对多人的服务
B. 助产士也可以担任导乐

C. 在产前、产时及产后陪伴孕产妇
D. 有生育体验的妇女可以担任导乐
E. 导乐给产妇以生理上的支持帮助及精神上的安慰鼓励

A_3/A_4 型题

（44~47 题共用题干）

某初产妇，足月临产入院。目前宫口开全，枕左前位，胎心正常。

44. 目前该产妇处于
A. 第一产程潜伏期　B. 第一产程活跃期
C. 第二产程　D. 第三产程
E. 活跃期

45. 目前下列指导产妇保持产力措施中错误的是
A. 适当进高热量食物　B. 保证水分摄入
C. 宫缩间歇期全身放松　D. 宫缩间歇期闭目休息
E. 宫缩和间歇期均可屏气

46. 张女士为该产妇导乐陪伴分娩，下列哪项不是导乐的工作内容
A. 注意观察并尽量满足产妇的各种需要
B. 帮助产妇最好地发挥自己的潜力
C. 持续地给产妇以支持和鼓励
D. 检查产程进展情况
E. 随时准备用目光、语言和抚摩等来帮助产妇

47. 为早期建立亲子关系，新生儿处理完毕后应将其
A. 将裸儿抱于产妇胸前直接皮肤接触
B. 抱给父亲或家属看
C. 用包被包好送于产妇怀中
D. 让产妇观看
E. 直接送婴儿室

（48~50 题共用题干）

邓女士，孕 2 产 0，孕足月临产入院，入院时肛门检查宫口开大 4cm，表现为焦虑、哭泣、烦躁不安，要求剖宫产结束分娩。

48. 其焦虑的直接原因是
A. 饥饿　B. 膀胱充盈
C. 便秘　D. 口渴
E. 宫缩产生的疼痛

49. 护士小李为邓女士进行相关知识宣教，下列自然分娩对产妇的好处不包括
A. 促进产后乳汁的分泌
B. 增进母儿感情
C. 增加产后出血及感染的机会
D. 产后康复快
E. 产妇能体验整个分娩过程带来强烈的欣快感

50. 入院后护士小李为邓女士进行产时服务，下列除哪项外属于无效或有害的产时服务技术
A. 常规补液　B. 剃毛
C. 产妇自由体位　D. 平卧分娩
E. 灌肠

（51~53 题共用题干）

某女士，初产妇，孕 37 周，规则宫缩 5 小时，血压 120/80mmHg，枕右前位，胎心 150 次 / 分，骨盆外测量各径线正常，肛查宫口开大 3cm，可触及前羊膜囊。

51. 下列不属于第一产程临床表现的是
A. 规律宫缩　B. 宫口扩张
C. 胎先露下降　D. 胎膜破裂
E. 胎头拨露

52. 导乐陪伴分娩者要为产妇实施非药物性镇痛，下列哪项不是非药物性镇痛的方法
A. 平卧分娩
B. 播放平时喜欢听的音乐
C. 热敷和温水浴
D. 按摩和调整呼吸
E. 让产妇采取自由体位分娩

53. 新生儿娩出后，护士要为新生儿进行健康体检，下列哪项不是新生儿检查的内容
A. 胎儿头部有无产瘤、血肿
B. 检查四肢活动情况是否正常
C. 脐带是否脱落
D. 测量身长、体重、头围
E. 检查新生儿有无畸形

5

第5章　产褥期保健

母亲，光荣而伟大的称谓，意味着幸福与甜蜜，包含了痛苦与艰辛，付出了心血和汗水。当孩子呱呱诞生，产妇便加入了母亲的行列，开始“坐月子”，进入了产褥期。产褥期是指产妇从胎盘娩出到全身各器官（乳房除外）的形态和功能逐渐恢复到正常非孕状态的一段时期，约需6周。以分娩为转折点，产妇从孕育胎儿转为哺育新生儿，这段时期产妇要完成自身各方面的功能恢复，还要开始承担并适应母亲角色、哺育新生儿，任务非常艰巨。因此，要特别注意做好保健，促进身体复原，预防各种疾病发生，保证母婴健康。

考点：产褥期的定义。

第1节　产褥期的生理、心理及社会特点

一、产褥期的生理特点

（一）生殖系统变化

1. 子宫　产褥期变化最大的是子宫，主要变化是子宫复旧。子宫复旧是指胎盘娩出后子宫逐渐恢复到非孕状态的全过程，包括以下几方面：

(1) 子宫体复旧：胎盘娩出后，宫底在脐下一横指，子宫圆而硬。随着肌纤维不断缩复，宫体逐渐缩小，每天下降1～2cm，产后10天子宫降入盆腔内，产后6周子宫基本恢复到孕前大小。子宫下段逐渐恢复成子宫峡部。

(2) 子宫颈复旧：胎盘娩出后，宫颈松弛、壁薄起皱，宫颈外口呈环状如袖口，呈紫红色。产后2～3天宫口可容2指，产后1周后宫颈内口关闭，宫颈管复原。产后4周宫颈完全恢复到非孕时的形态。宫颈外口因分娩时3点及9点处裂伤，产后形成“一”字形横裂。

(3) 子宫内膜再生：产后子宫内膜有较大的创面，接近肌层的子宫内膜基底层逐渐再生新的功能层，约于产后第3周，除胎盘附着部位外，宫腔表面均由新生内膜覆盖，胎盘附着部位的子宫内膜全部修复约需要6周。

2. 阴道和外阴　分娩后阴道壁松弛及肌张力低。阴道壁肌张力于产褥期逐渐恢复，阴道黏膜皱襞约在产后3周重新显现，但阴道于产褥期结束时仍不能完全恢复至未孕时的紧张度。处女膜在分娩时撕裂，形成处女膜痕。分娩后外阴轻度水肿，于产后2～3日内逐渐消退，会阴部若有轻度撕裂或会阴后-侧切开缝合后，产后3～4天均能愈合。

3. 盆底组织　分娩使盆底肌肉和筋膜弹性降低，且常伴有盆底肌纤维的部分撕裂。产后坚持锻炼，盆底组织有可能恢复至接近未孕状态。若盆底肌及其筋膜发生严重撕裂造成盆底松弛，产褥期又过早参加重体力劳动；或者分娩次数过多，且间隔时间短，盆底组织

难以完全恢复正常，是导致阴道壁脱垂及子宫脱垂的重要原因。

（二）乳房的变化

产后乳房的主要变化是泌乳。婴儿吸吮乳头通过抑制下丘脑分泌的多巴胺及其他催乳素抑制因子，使腺垂体催乳素呈脉冲式释放，促进乳汁分泌。吸吮乳头还能反射性地引起神经垂体释放缩宫素，使乳腺腺泡周围的肌上皮收缩，使乳汁从腺泡、小导管进入输乳导管和乳窦而喷出乳汁，称喷乳反射。吸吮是保持乳腺不断泌乳的关键环节。不断排空乳房也是维持乳汁分泌的重要条件。乳汁分泌量与产妇营养、睡眠、情绪和健康状况密切相关，因此保证产妇休息、睡眠足够和摄入营养丰富的食物并避免精神刺激非常重要。

（三）循环系统及血液的变化

产后 72 小时内，产妇循环血量增加 15% ～ 25%，应注意预防心力衰竭的发生。循环血量于产后 2 ～ 3 周恢复至未孕状态。产褥早期血液仍处于高凝状态，有利于减少产后出血。

（四）消化系统的变化

产后 1 ～ 2 天产妇常感口渴，喜欢进食流质和半流质饮食。因活动少，肠蠕动减慢，加之腹肌、盆底肌肉松弛，产妇易发生便秘。

（五）泌尿系统的变化

产后最初 1 周尿量增多，以排出妊娠期体内潴留的大量水分。在产褥期，由于膀胱肌张力降低、对膀胱内压的敏感性下降，加之会阴切口疼痛、不习惯卧床排尿、器械助产、区域阻滞麻醉等原因，产妇易发生尿潴留，尤其在产后 24 小时内。

（六）内分泌系统的变化

产后雌激素和孕激素水平急剧下降，至产后 1 周时已降至未孕时水平。胎盘生乳素于产后 6 小时已不能测出。催乳素水平视是否哺乳而异，哺乳产妇的催乳素于产后下降，但仍高于非妊娠时水平，吸吮乳汁时催乳素明显增高；不哺乳产妇的催乳素于产后 2 周降至非妊娠时水平。

月经复潮及排卵时间受哺乳影响。不哺乳产妇多在产后 6 ～ 10 周月经复潮，产后 10 周左右恢复排卵。哺乳产妇的月经复潮延迟，平均在产后 4 ～ 6 个月恢复排卵，有的哺乳产妇在哺乳期间月经一直不来潮。产后较晚月经复潮者，首次月经来潮前多有排卵，故哺乳产妇月经虽未复潮，却仍有受孕的可能。

（七）腹壁和体型的变化

产后腹壁明显松弛，腹壁紧张度在产后 6 ～ 8 周恢复。腹壁紫红色妊娠纹逐渐变为银白色。妊娠期出现的下腹部正中线色素沉着在产褥期逐渐消退。多数产妇产后体型发生变化，乳房松弛下坠，腹部隆起下垂，腰部圆粗，臀部宽大。

（八）其他

1. 生命体征　正常产妇，产后 24 小时内体温稍有升高，不超过 38℃属正常。产后 3 ～ 4 天乳房血管、淋巴管出现极度充盈，乳房胀大，伴体温升高达 37.8 ～ 39℃，称为泌乳热，持续 4 ～ 16 小时体温可恢复正常。产后脉搏在正常范围内，但略慢，一般每分钟 60 ～ 70 次。产后呼吸深慢，一般每分钟 14 ～ 16 次。产后血压维持在正常水平，变化不大。

2. 产后宫缩痛　指产后 1 ～ 2 天因宫缩引起下腹部阵发性剧烈疼痛，持续 2 ～ 3 天自然消失，多见于经产妇。哺乳时反射性缩宫素分泌增多可使疼痛加剧，不需特殊用药。

3. 恶露　产后随子宫蜕膜脱落，含有血液、坏死蜕膜等组织经阴道排出，称为恶露。恶露有血腥味，持续4～6周，总量为250～500ml。恶露因颜色、内容物及时间不同，分为血性恶露、浆液恶露及白色恶露。

4. 褥汗　产后一周内皮肤排泄功能旺盛，排出大量汗液，以夜间睡眠、初醒时更明显，称褥汗，不属病态。

二、产褥期的心理及社会特点

（一）心理特点

1. 羞怯与依赖　初为母亲，第一次感受到从未有过的复杂心情，经历着无法描述的不同情感：有激动，也有压抑；有喜悦，也有忧伤；有满足，也有焦虑；有高涨的热情，也有疲倦的感觉。面对自己新出生的孩子，产妇易产生羞怯心理。产后1～3天为依赖期，孩子的护理多依赖别人完成，产妇关注孩子较少，关注自己较多。总在思考自己的母亲角色，比较理想中与现实中孩子的异同，回顾讲述妊娠、分娩过程及心理感受，期待与别人共同分享。产后4天以后，产妇进入依赖-独立期，身体逐渐恢复，能自我护理，注意力开始转向孩子，并接纳孩子，喜欢给孩子哺乳、洗澡、换尿布等。产后14天以后，产妇完全进入新的角色，接受现实中的孩子，与孩子相互认同和默契，独立完成孩子的哺育和护理。

2. 喜悦　伴随着宝宝健康顺利的出生，产妇感到喜悦、满足、兴奋，言语增多，虽疲劳但不想入睡。

3. 焦虑和抑郁　少数产妇经历妊娠、分娩的痛苦折磨后，如果有新生儿患病等意外事件，或是丈夫及家人态度不积极，理想与现实中母亲角色有冲突等因素，均可使产妇焦虑。表现在产后3～5天内出现一过性的哭泣、委屈或忧郁表现，短时间内可恢复正常。少数可能发展为产后抑郁症，主要症状为情绪压抑、自我评价降低、创造性思维受损等，严重者有自杀或杀婴倾向。

链接

产后抑郁症发生的相关因素

产后激素，特别是雌激素和孕激素的急剧变化是导致产后抑郁症的生物学原因，目前认为产后抑郁症的高危因素包括抑郁症病史（特别是产后抑郁）、个性脆弱、缺乏社会支持、不良婚姻关系、家庭纠纷、意外生活事件、围生期母婴合并症和贫穷等。妊娠期存在抑郁症候者发生产后抑郁症的可能性很高。

（二）社会特点

为了适应社会不断发展的需要，跟上时代不断前进的步伐，产妇面临着工作的挑战和再次就业的压力，加之缺乏育儿经验，需要更多的社会支持、工作单位的照顾以及家庭成员的理解、关心和帮助。

考点：产褥期的生理、心理及社会特点。

资格考链接

李女士为初产妇，27岁，阴道助产分娩一女婴，会阴Ⅰ度裂伤，产后6小时未排尿，检查阴道出血不多，宫底脐上1横指。

1. 李女士的可能诊断是

A. 腹胀　　B. 尿潴留　　C. 子宫复旧不良

资格考链接

D. 宫腔积血　　E. 胎盘残留

2. 正确的保健措施是

A. 协助产妇排空膀胱　　B. 按摩子宫　　C. 硫酸镁湿敷会阴伤口

D. 肌内注射缩宫素　　E. 给予心理疏导

分析：

1. 产后6小时未排尿，阴道出血不多，子宫位置较高，考虑尿潴留，故选B。

2. 尿潴留如不及时处理会影响子宫收缩，造成产后出血，故选A。

第2节　产褥期保健的内容和措施

案例 5-1

产妇李某，1月份正常分娩出院后在家休息，因天气冷，她很少下床活动，也不出门走动。家人叫她喝水，她说不渴，不想喝；家人给她削水果，她说天冷不想吃；家人每天用鸡汤、肉汤、鱼汤或骨头汤煮菜给她吃，她只吃少量的肉和菜，主要是吃饭、喝汤，喜欢吃红糖煮鸡蛋。

问题：1. 产妇长期这样的生活会出问题吗？

2. 应该如何对她进行保健指导？

一、产褥期保健的目的、意义

1. 及时做好产妇心理调适，稳定产妇情绪。
2. 做好产褥期保健指导，促进产妇身体早日恢复。
3. 及早预防和及时发现、处理产褥期疾病。

二、保健内容和措施

（一）检查与监测的内容

1. 产后2小时的监测　产后2小时极易发生严重并发症，如产后出血、产后心力衰竭、子痫等，故应在产房内严密观察产妇的生命体征、子宫收缩情况及阴道流血量，注意宫底高度及膀胱是否充盈等。在此期间还应协助产妇进行首次哺乳。若产后2小时一切正常，将产妇和新生儿送回病房，但仍需勤巡视。

2. 一般情况　睡眠、饮食、大小便、全身状况和精神心理状态等。

3. 生命体征　产后应每天测量体温、脉搏、呼吸、血压，发现异常应及时查明原因并处理。

4. 乳房　泌乳情况，乳房有无红肿、硬结，乳头有无皲裂（详见第6章）。

5. 子宫复旧及恶露　每天应于同一时间，嘱产妇排尿后手测宫底高度以了解子宫复旧情况。每天观察恶露的量、颜色、气味。若子宫复旧不全、胎盘胎膜残留或合并感染，可使恶露持续时间延长或恶露有腐臭味，视情况分别给予促进子宫收缩、清宫术及抗感染治疗。

6. 会阴及会阴伤口 观察会阴有无明显水肿，会阴有伤口者观察伤口有无红肿、渗血、硬结及分泌物，伤口的愈合情况。

7. 合并症及并发症 对妊娠合并高血压疾病的产妇应注意观察血压及精神状态，防止发生产后子痫。对妊娠合并心脏病的产妇应严密观察心脏功能，如出现心悸、胸闷、气短不适等症状时应提高警惕，防止发生心力衰竭。对妊娠合并肝炎的产妇应注意肝功能的变化情况。

考点：产后访视时间、检查与监测的内容。

产后家庭访视是为产妇和新生儿提供保健的主要方式。产褥期家庭访视至少3次，分别在出院后3天、产后14天和产后28天进行。产后42天母儿应到医院进行全面检查，及早发现异常，给予治疗和保健指导。

（二）生活与卫生保健指导

1. 饮食保健指导 正常分娩者，产后1小时可进流质或清淡半流质饮食。产后1～2天因疲劳体虚，胃肠功能弱，宜进清淡、稀软、易消化食物，以后可逐渐恢复普通饮食。饮食要品种多样，富有营养、足够热量和水分。应多进食蛋白质和热量丰富的饮食，适当补充维生素和铁剂，推荐补充铁剂3个月。动物性、植物性食物搭配，如鸡、鱼、瘦肉、动物肝脏、动物血、牛奶、豆类及豆制品、新鲜水果、蔬菜等，少食多餐，每天除正常3餐外，可再加2～3餐。

Ⅲ度会阴裂伤者产后1周内进无渣饮食。剖宫产术后胃肠功能恢复者可进流质饮食1天，半流质饮食1～2天，以后进普通饮食。流质饮食不宜进食牛奶、豆浆及高糖食品，以免肠胀气不适。

2. 卫生保健指导 注意个人卫生，勤洗漱、勤洗澡、勤换内衣和床单，保持皮肤清洁卫生。洗澡以淋浴为佳，水温不宜过高，不宜盆浴，以免经阴道和尿道逆行感染。特别注意会阴清洁，勤换会阴垫，每天至少早晚各一次用0.05%聚维酮碘、1 ∶ 5000高锰酸钾溶液或1 ∶ 2000苯扎溴铵（新洁尔灭）溶液擦洗或冲洗会阴。会阴水肿明显者，可用50%硫酸镁溶液湿热敷，产后24小时后可用红外线照射。会阴有伤口者，休息应采取健侧卧位，保持伤口干燥，利于伤口愈合。会阴伤口有缝线者，于产后3～5天拆线。会阴部拆线后1周内避免下蹲活动，以防过度牵拉，影响伤口愈合。

3. 运动与休息 产后应卧床休息，侧卧为主，经常变换体位。保证充足的睡眠，有助于产妇身体迅速康复。被褥要清洁、松软，床铺应保持清洁卫生、干燥整齐。居室应安静清洁，阳光充足，空气新鲜，温度适宜。夏季避免衣裤紧束、门窗紧闭，防止中暑，注意产妇和婴儿不宜直接吹风，谨防感冒。冬季要注意保暖，室内应保持一定温度，每天开窗通风换气3～4次，每次20分钟。

正常分娩者，产后6～12小时可起床轻微活动，产后24小时可在室内随意走动，剖宫产术后3天可下床活动，以后逐渐增加活动时间及范围。避免过劳、长时间下蹲或站立太久，以免腹压增加，影响盆底组织恢复。

产褥期适当的活动与合理的体育锻炼有利于促进子宫复旧、恶露排出、减少晚期产后出血发生；促进胃肠蠕动，增进食欲；促进排尿及排便；促进腹肌、盆底肌张力的恢复，预防阴道壁膨出及子宫脱垂，恢复体型的健美。

产后第2天开始做产褥期保健操（图5-1），会阴切开或剖宫产者适当推迟活动的时间。保健操共7节，每1～2天增加1节，每节做8～16次，根据自身情况循序渐进，由弱到强，直至产后6周，6周后可选择其他锻炼方式。

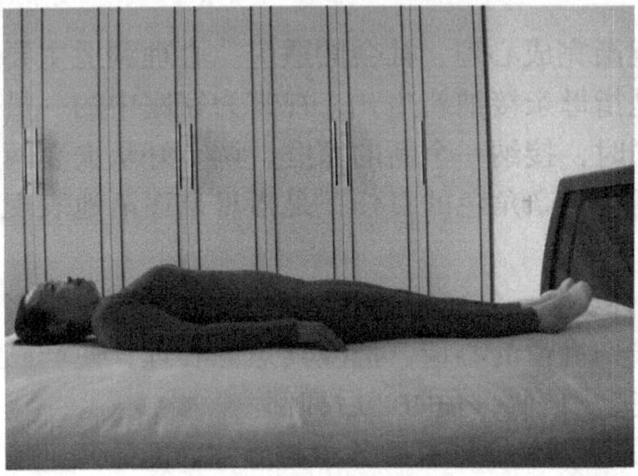

第一、二节　深呼吸、缩肛运动

第三节　抬腿运动

第四节　腹背运动

第五节　仰卧起坐

第六节　腰部运动

第七节　全身运动

图 5-1　产褥期保健操

4. 计划生育保健指导　产褥期禁止性生活，因为这段时期子宫正处于创面出血、易感染的阶段。产后 42 天检查生殖器官正常后可恢复性生活。必须采取避孕措施，哺乳者以工具避孕为佳，不哺乳者根据自身情况选择避孕方法。剖宫产者必须避孕 2 年后才能再次妊娠。要求绝育而无禁忌证者可行输卵管结扎术。

（三）心理调适

产后，产妇要从妊娠期及分娩期的不适、疼痛、焦虑中恢复，要接纳家庭新成员及新家庭，这一过程称为心理调适。

一个新的家庭需要在多方面进行调节，逐渐完成心理、社会的适应。心理调适主要表现在两个方面：①确立家长与孩子的关系：是指母亲接纳新生儿，视其为家庭中的一员，认识及重视其作为家庭中一员的特殊需要；同时，接纳一个新的家庭，调节好从夫妻两人生活方式到夫妻与孩子三人的生活方式。②承担母亲角色的责任：是指母亲逐渐地表现出情感性的和动作性的护理孩子的技能。

1. 倾听 母婴保健人员应耐心倾听产妇讲述妊娠、分娩的经历和感受，宣泄不良情绪，对产妇所做的努力和配合要多加赞赏，强化产妇愉悦的心情，消减其焦虑心理，使产妇心情愉快、精神放松，对自身康复和新生儿生长充满信心，预防产后抑郁。

2. 转移产妇注意力 首先要帮助产妇认识到，分娩结束后孩子与母体已经分开，哺育孩子已经开始，让产妇从对妊娠、分娩的回顾中走出来，淡化分娩和初为母亲带来的羞怯心理，学习进入新角色。

孩子的啼哭、给孩子哺乳和护理，都能促进母儿情感连接，使产妇的注意力从自身转向孩子。母婴同室或家庭式产妇休养室，让产妇随时与孩子在一起，多抱孩子，培养母子亲情，可以加速产妇注意力的转移和母亲角色的转换。

3. 鼓励产妇独立 指导产妇学习产褥期产妇和新生儿护理知识与技能，制订护理计划，逐步参与，直到独立完成自身和新生儿的护理，承担起母亲的责任。

考点： 产褥期产妇的生活与卫生保健指导、心理调适。

新生儿的护理包括情感性护理和动作性护理。情感性护理是用积极的态度去认识、考虑孩子的需要和要求，如观察新生儿的需求，用眼睛与其交流，从新生儿的哭闹中了解其需求。动作性护理是具体的护理孩子的行为，如给孩子换尿布、沐浴、更衣、抚摸、哺乳、观察大小便等。鼓励产妇按计划将情感性护理与动作性护理有机地结合起来，完成新生儿的护理，实现从依赖到独立的过渡。

链接

如何克服产后抑郁情绪

①自我调适是最主要的预防和控制手段，要树立克服生活困难的信心，培养适应新生活状态的能力。②哺育孩子是母亲不可推卸的职责，付出母爱是社会价值和人生价值的充分体现。③每个成熟男女结婚后都要生儿育女，也都能将自己的孩子哺养大，只要愿意努力，明确和承担做父母的责任，就能获得成功。④尽管缺乏照顾婴儿的经验，但也不必惊慌失措，不懂就学，一定能成为育儿行家。⑤家人的理解和关爱是减轻和消除抑郁症的有效方法。⑥医务人员高超的医术、优质热情的服务、耐心细致的产后指导，可使产妇心情愉快，充满自信，顺利地度过产后不适期。

（四）社会支持

指导产妇的家庭成员树立正确的生育观，营造良好的家庭氛围，丈夫和家人应该主动分担家务，积极参与产妇和新生儿的护理，培养新家庭的观念，给产妇关心、理解和无微不至的照顾，使产妇感受到家庭的温暖和亲人的关爱。医护人员要遵守保护性医疗制度，爱护产妇，耐心倾听并及时解答产妇提出的问题，如有新生儿窒息、出生缺陷或死亡等意外，必须选择适当的时机和方式，同家属一起告诉产妇，与分娩健康新生儿的产妇分开，避免其触景生情，加重精神创伤。母婴保健人员应按时进行产褥期访视，做好检查、监测和指导。

（五）产褥期常见疾病的预防和保健

1. 产褥感染　产妇因分娩疲劳、产后机体抵抗力降低，生殖道防御功能减弱，孕期卫生不良、胎膜早破、产科手术、产程延长、软产道损伤、胎盘胎膜残留等引起。

预防和保健：①孕期加强卫生宣教，临产前 2 个月避免性生活及盆浴；加强营养，增强体质；及时治疗外阴阴道炎、慢性宫颈疾病。②分娩期防止急产、滞产、胎膜早破、软产道损伤、产后出血、胎盘胎膜残留等；产妇用物一定要清洁消毒，接产和手术助产严格无菌操作。③产褥期加强营养，尽早活动，促进恶露排出，注意外阴清洁卫生，用消毒会阴垫，禁止性生活及盆浴。

2. 产后出血　主要是由胎盘胎膜残留、子宫胎盘附着面感染或复旧不全、剖宫产术后子宫切口裂开等引起。

预防和保健：①产后仔细检查胎盘、胎膜是否完整，若有残留及时清除。②产后仔细观察子宫收缩情况，子宫收缩不良者及时使用缩宫素。③行剖宫产术时应认真缝合止血。④做好卫生指导，预防产褥感染。

3. 尿潴留　多数产妇正常分娩后 4 ～ 8 小时可以自行排尿，少数产妇因不习惯卧床排尿、会阴伤口疼痛、分娩过程中膀胱受压致黏膜充血水肿、肌张力降低、产后疲劳等原因，易发生尿潴留。

预防和保健：①鼓励并帮助产妇产后 2 ～ 4 小时自行排尿，可取半蹲、半立姿势。②鼓励产妇多喝水，用温水冲洗外阴或让其听流水声，诱导排尿。③在产妇下腹部热敷或按摩膀胱，或针刺关元、气海、三阴交等穴位，或肌内注射甲硫酸新斯的明促进排尿。④必要时可导尿并留置导尿管，3 ～ 4 小时开放一次，1 ～ 2 天拔除导尿管。

4. 产后便秘　产妇因产后活动少，肠蠕动减慢，腹肌及盆底肌松弛等引起。

预防和保健：①饮食调整，多吃富含纤维素的蔬菜、水果。②尽早下床活动并做产褥期保健操。③便秘时可采用：酚酞片睡前服，每晚 1 片；液体石蜡 15 ～ 30ml，睡前服；开塞露每天 1 支注入肛门；温肥皂水灌肠等。

5. 产褥中暑　由于旧风俗习惯怕产妇“受风”而关门闭窗，包头捂被，使居室和身体小环境均处于高温、高湿状态而影响产妇出汗散热，导致体温调节中枢功能衰竭，出现高热、意识丧失和呼吸循环功能衰竭等中暑表现。

预防和保健：①破除不科学的风俗习惯，居室通风，温度适宜，产妇衣着要宽松透气，既舒适，又利于散热。②做好卫生宣教，产妇及家人要能识别中暑的先兆症状：表现为口渴、多汗、恶心、胸闷、心悸、四肢无力；此时体温正常或低热。一旦发生产褥中暑，要送医院诊治。

考点：产褥期常见疾病的预防和保健。

小结

产褥期是指产妇从胎盘娩出到全身各器官（乳房除外）的形态和功能逐渐恢复到正常非孕状态的一段时期，需 6 ～ 8 周。这段时期产妇要完成自身各方面的功能恢复，还要开始承担并适应母亲角色、哺育新生儿。产褥期产妇的生理、心理和社会特点发生很大变化，要给予产妇人性化的关怀和帮助，进行健康教育及卫生保健指导，应用科学的保健措施和方法，满足产妇的生理、心理和社会需求，预防产褥期疾病发生，使母儿安然度过产褥期。

（王瑞珍）

自测题

A_1 型题

1. 关于产褥期生殖系统变化的叙述错误的是
 A. 宫底产后 10 天降入盆腔
 B. 经产型宫颈外口呈圆形
 C. 子宫下段恢复成子宫峡部
 D. 产后 1 周后宫颈内口关闭
 E. 胎盘附着处的子宫内膜修复约需 6 周
2. 正常恶露的持续时间是
 A. 1～2 周　B. 2～3 周
 C. 3～4 周　D. 4～6 周
 E. 5～6 周
3. 下列哪项不是产褥期产妇的心理变化特点
 A. 抑郁　B. 依赖
 C. 羞怯　D. 喜悦
 E. 恐惧
4. 产后早期因宫缩引起下腹部阵发性剧烈疼痛称为
 A. 子宫痛　B. 产后宫缩痛
 C. 腹痛　D. 痉挛痛
 E. 疼痛
5. 产后不能久站、久行、久坐、久看，目的是
 A. 保养身体　B. 节制自己
 C. 适当活动　D. 休息为主
 E. 避免过劳
6. 产后体育锻炼对下列哪项无促进作用
 A. 胃肠蠕动　B. 血液循环
 C. 妊娠纹消退　D. 腹壁肌张力恢复
 E. 盆底肌张力恢复

A_2 型题

7. 某产妇，顺产后 2 天，下腹阵痛，宫底脐下 3 横指，无压痛，阴道流血不多，无恶心、呕吐，正确的保健措施是
 A. 给抗生素预防感染
 B. 给予止痛药物
 C. 按摩子宫
 D. 告诉产妇，子宫复旧正常，不需处理
 E. 停止哺乳
8. 给产妇进行产后饮食指导，下列哪项不正确
 A. 产后饮食要品种多样
 B. 产后除每天三餐外，可加 2～3 餐
 C. 产后产妇疲劳不宜进食
 D. 产后 1～2 天可进清淡、易消化饮食
 E. Ⅲ度会阴裂伤产后 1 周内进无渣饮食
9. 农村初产妇，对其进行预防产褥感染的健康宣教时，下列哪项不妥
 A. 每天 2 次冲洗或擦洗会阴
 B. 每天应用温水洗漱
 C. 产妇褥汗多，应勤洗澡
 D. 为保温以盆浴为宜
 E. 擦洗会阴用 1∶5000 高锰酸钾溶液或 1∶2000 苯扎溴铵
10. 李女士，阴道分娩一女婴，会阴左侧有伤口，告诉其休息时应该采取的体位是
 A. 右侧卧位　B. 平卧位
 C. 俯卧位　D. 左侧卧位
 E. 半卧位

A_3/A_4 型题

（11～12 题共用题干）

王女士，经阴道分娩 1 女婴，分娩过程顺利，现产后第 2 天。

11. 王女士出现乳房胀痛，无红肿，首选的保健措施是
 A. 热敷乳房　B. 生麦芽水煎服
 C. 用吸奶器吸奶　D. 让新生儿多吸吮
 E. 多喝汤水
12. 对其进行产褥期保健操指导，下列叙述正确的是
 A. 产后第 2 天开始做产褥期保健操
 B. 每 1～2 天增加 1 节
 C. 由弱到强，循序渐进
 D. 每节做 8～16 次
 E. 以上都是

6

第6章 哺乳期保健

孕妇分娩后升级为母亲，开始亲自喂哺自己的宝宝。在这期间，随着角色的转变，产妇在生理和心理上发生了一系列变化，直接影响自身的健康和宝宝的生长发育。哺乳期是指产后产妇用乳汁喂养婴儿的时期。了解哺乳期母亲的生理、心理变化和社会特点，掌握保健内容和措施，学会哺乳期保健指导，是促进这一阶段母亲和宝宝健康的保证。

第1节 哺乳期的生理、心理及社会特点

一、哺乳期的生理特点

（一）母乳的分泌

胎盘娩出后，产妇血中雌激素、孕激素和胎盘生乳素水平急剧下降，抑制了下丘脑分泌的催乳素抑制因子释放，催乳素迅速大量分泌释放，在催乳素的作用下，乳汁开始分泌。虽然催乳素是乳汁分泌的基础，但是以后乳汁的分泌很大程度上依赖于婴儿吸吮乳头的刺激。吸吮乳头能反射性地引起垂体催乳素和缩宫素的释放，促进乳汁的分泌和排出（射乳）。吸吮是乳腺不断泌乳的关键环节，乳头受到的刺激越多，乳汁分泌量就越多。促进乳汁分泌的另一个重要条件是不断排空乳房。此外，乳汁的分泌量还与乳母的营养、睡眠、情绪及健康状况等密切相关。

（二）母乳的质和量

母乳成分随母亲产后不同时期而有所改变，可分为初乳、过渡乳、成熟乳。每次哺乳时最初分泌的乳汁及最后分泌的乳汁成分相差较多，先分泌的乳汁蛋白质高于脂肪，以后则脂肪越来越高于蛋白质。

1. 初乳 孕后期与分娩4～5日以内分泌的乳汁称为初乳，量较少，每日量为15～45ml，呈淡黄色，含较多有形物质，质稠。初乳含蛋白质及微量元素多，还含有多种抗体，尤其是分泌型IgA。脂肪和乳糖含量较成熟乳少，极易消化，是新生儿早期最理想的天然食物。

考点：母乳的成分、初乳。

2. 过渡乳 产后5～14天分泌的乳汁称为过渡乳，含脂肪高，而蛋白质和矿物质逐渐减少。

3. 成熟乳 产后14天以后分泌的乳汁称为成熟乳，蛋白质含量逐渐减少，脂肪和乳糖含量逐渐增多。乳量随乳儿增长而增加，成熟乳量可达700～1000ml。

（三）母乳喂养对母儿的影响

1. 母乳喂养有利于母亲的健康

(1) 母亲产后哺乳，吸吮刺激使催乳素产生的同时促进缩宫素的产生，使子宫收缩，减少产后出血。

(2) 哺乳期可抑制排卵，延长生育间隔时间。

(3) 可降低母亲患乳腺癌、卵巢癌的风险。

(4) 母亲喂哺时，婴儿与母亲直接接触，通过拥抱、对视增进母婴感情。

2. 母乳喂养有利于婴儿的健康

(1) 母乳提供足够的营养且其成分比例适宜，利于婴儿消化、吸收和利用，满足婴儿的生长发育所需。

(2) 母乳中含有分泌型 IgA、乳铁蛋白、溶菌酶、双歧因子等免疫物质和巨噬细胞、淋巴细胞等免疫细胞，可提高婴儿免疫力，增强其抵御疾病的能力。

考点：母乳喂养对母儿的影响。

(3) 婴儿吸吮母乳可促进面部肌肉的运动和发育。

(4) 母亲可直接喂哺，不易污染，经济方便，温度适宜，且乳量随着小儿的生长而增加。

(5) 母乳喂养使婴儿获得安全及愉快感，有利于婴儿心理和社会适应性的发育。

二、哺乳期的心理及社会特点

（一）心理特点

1. 成就感 分娩后，做母亲的愿望成为现实，产妇感到特别欣慰。看到婴儿一天天的变化和成长，哺乳时面对婴儿吸吮，乳母感到满足和愉悦，将全部注意力倾注在婴儿身上，喜欢仔细观察和欣赏婴儿的细微变化，与婴儿对话，忘却了疲劳，忘却了烦恼，尽情享受婴儿成长带来的快乐。

2. 担忧 分娩后，产妇担心母乳营养成分或量不足影响婴儿的生长发育；担心从医院回到家，失去医护人员的指导与帮助不会照顾婴儿；担心孩子患病，担心孩子的生长发育是否正常；还担心产后身体形态是否能恢复至孕前状态等。这些担忧使母亲渴望与其他乳母交流喂养经验。

3. 依赖 产后 1 ～ 3 天为依赖期，产妇过多地关注自己，较少注意新生儿，新生儿的护理多依赖家人完成，以后随着身体康复而逐渐独立完成自身和婴儿的护理。面对家庭角色的增加和孩子的哺育，产妇的生活变得紧张而忙乱，身心疲惫，对丈夫、父母产生了依赖感，以弥补自身哺育经验的不足。如果夫妻分居两地、家庭不和睦，缺乏来自丈夫和家庭的帮助，乳母会产生焦虑和无助，影响乳汁的分泌和身体的健康。

（二）社会特点

世界卫生组织和儿童基金会 1989 年发表了保护、促进和支持母乳喂养的联合声明，提出《促使母乳喂养成功的十点措施》，为母乳喂养创造了良好的社会环境，为哺乳期保健提供了重要的社会支持。目前城市的乳母多为独生子女，双方父母的呵护为乳母提供充足的家庭支持，对哺乳期保健非常有利。如果此时有应激事件发生，如失业、亲人病丧等，可影响乳汁分泌，使乳母失去继续母乳喂养的信心，或过早添加辅食而结束母乳喂养。也有因为夫妻不和睦、非婚生育或不良生活经历影响，形成忽视或虐待婴儿的行为。

第 2 节　哺乳期保健的内容和措施

案例 6-1

王女士，3 个月前在医院顺利分娩一健康男婴，平日里小家伙活泼好动，这几天一反常态变成了“瞌睡虫”，连吃乳时也闭着双眼。经过医生检查，确定宝宝的情况是某些镇静剂之类的药物在作怪。经医生详细追问，王女士才想起来，这段时间由于照顾宝宝很辛苦，睡眠不好，就自己吃了几片地西泮，可没想到吃进去的药会通过母乳被宝宝吸收。

问题：哺乳期母亲应如何保健才能避免类似情况的发生呢？

一、哺乳期保健的目的、意义

(1) 宣传母乳喂养的好处，促进和支持母乳喂养。

(2) 促进乳母身体健康，增加乳汁分泌量，提高哺育能力，促进母乳喂养成功。

(3) 为乳母提供哺乳期保健和科学育儿指导，促进母婴健康。

二、保健内容和措施

（一）检查与监测的内容

1. 乳房疾病　哺乳时因乳房胀大，容易忽略或掩盖乳房的病变，须检查乳房，注意观察有无乳胀、硬结、红肿、皲裂、发热等异常表现。

2. 乳汁分泌情况

(1) 观察乳胀程度：哺乳前乳胀明显，婴儿吸吮时乳汁充分，吸空后乳房变软，说明乳汁分泌量充足。哺乳前乳房松软，婴儿吸吮困难，说明乳汁分泌不足。

(2) 观察婴儿情况：①哺乳后婴儿安然入睡或不吵闹，表明乳量能满足婴儿需要。②哺乳前、后称婴儿体重，两者差值即为婴儿吸入的乳汁量。③营养和发育情况：小儿体重的增长不是等速的，出生后前 3 个月每月增长 750 ～ 900g，4 ～ 6 个月时每月平均增长 600g，1 周岁时婴儿体重约为出生时的 3 倍 (9kg)。婴儿体重增加缓慢，表明母乳质欠优或量不足。④观察婴儿每天小便次数，每天 6 次或 6 次以上，尿呈无色或淡黄色，说明进食的乳汁量足够。

3. 产后访视　乳母的乳汁分泌与健康状况、饮食和休息等直接相关，婴儿的生长是母乳喂养的直接监测指标。在产后访视时要注意评估乳母身心康复情况和婴儿生长发育情况，及时给予母乳喂养指导和科学育儿指导，提倡 4 ～ 6 个月内纯母乳喂养。

考点：婴儿体重增长规律，纯母乳喂养时间。

（二）生活与卫生保健指导

1. 母乳喂养指导　成功的母乳喂养应当是母婴双方都积极参与并感到满足。随着母亲喂养能力的提高，婴儿摄乳量也不断增多。因此，建立良好的母乳喂养有三个条件：一是乳母能分泌充足的乳汁；二是哺乳时出现有效的射乳反射；三是婴儿有力地吸吮。

(1) 哺乳时间和次数：正常新生儿生后即可哺乳。第一次哺乳在新生儿出生 30 分钟内进行，当新生儿断脐、拭干羊水后，将其裸体置于母亲胸前进行皮肤接触，同时吸吮乳头，以促进产妇乳汁早分泌、多分泌。母婴同室，新生儿提倡按需哺乳，以促进乳汁分泌。随着婴儿的成长，吸乳量逐渐增多，可开始采取定时喂养，一般 2 个月以内每 3 小时喂一次，一昼夜 7 ～ 8 次；3 ～ 4 月每日 6 ～ 7 次，夜间可停 1 次。每次哺乳时间为 15 ～ 20 分钟，以婴儿吃饱为宜。添加辅食后减至每日 4 ～ 5 次。

(2) 喂哺方法：①准备工作：哺乳前先给婴儿更换尿布，母亲洗手，清洗乳头和乳晕，按摩或用毛巾热敷乳房，以促进乳管扩张，刺激排乳。②喂哺姿势：可取卧位哺乳（图 6-1）或坐位哺乳（图 6-2）。卧位哺乳时乳房易堵住婴儿口鼻而引起窒息，也容易养成婴儿含乳头睡觉的习惯，尽量少用。坐位哺乳时，椅子高度要合适，椅背不宜后倾，喂哺时母亲应紧靠椅背，使背部和两肩处于放松姿势，母亲大腿与小腿成 90° 角，脚放平，可在脚下放

图 6-1　卧位哺乳姿势

考点：母乳喂养时间和次数，母乳喂养的方法。

一脚凳，这样母婴都舒适。③喂哺过程：哺乳时，母亲一只手抱住婴儿于斜坐位，让婴儿的头、肩枕于哺乳侧的肘弯，另一只手将乳头和乳晕送入婴儿口中，将拇指和其余四指分别放在乳房上、下方，呈“C”字形托起整个乳房喂哺，婴儿口唇含住乳头和乳晕或大部分乳晕，婴儿在吸吮时能充分挤压乳窦使乳汁排出，又能有效地刺激乳头上的感觉神经末梢，促进泌乳和排乳反射。哺乳时乳母能明显感觉到婴儿有节奏的吸吮和排乳感。随时注意小儿吸吮吞咽情况，若婴儿未吃饱就打瞌睡，可以轻轻敲一下其脚掌或下颚，促使婴儿努力吸吮。④防止溢乳：哺乳后将婴儿竖抱胸前，头部伏在母亲肩上，轻拍背部 1 ～ 2 分钟，让胃内空气排出，防止发生溢乳（图 6-3）。⑤注意事项：为了刺激乳汁分泌，每次哺乳应尽量吸空一侧乳房，再吸另一侧。排空乳房不但可以促进乳汁的分泌，还可以预防乳腺管阻塞、两侧乳房大小不等。⑥喂哺结束：用示指轻轻向下按婴儿下颏，避免在吸吮形成口腔负压情况下强行拉出乳头而导致乳母疼痛或皮肤损伤。

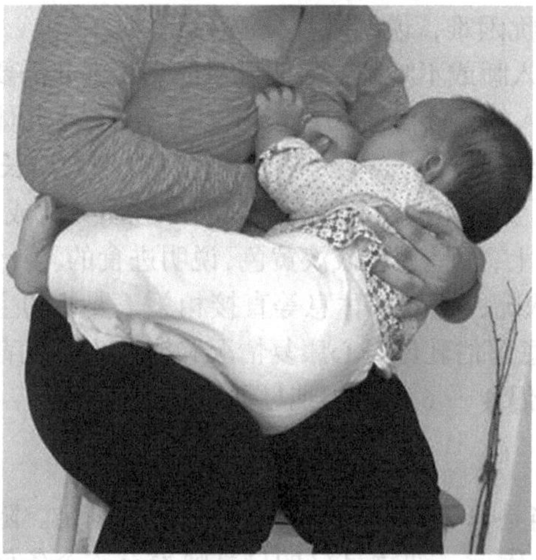

图 6-2　坐位哺乳姿势

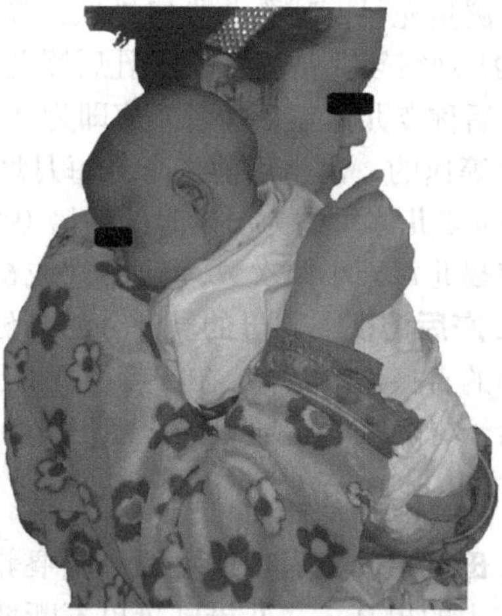

图 6-3　喂哺结束后拍背姿势

资格考链接

女婴，足月产，生后 2 天，体重 3.2kg，身长 52cm，面色红润，吞咽良好，母亲已开始母乳喂养。

1. 关于母乳喂养的叙述不合适的是

A. 正常新生儿出生半小时内开始哺乳　　B. 喂哺姿势可取卧位或坐位

C. 每次哺乳时间为 15 ～ 20 分钟　　D. 两侧乳房各喂一半量

E. 哺乳后婴儿安然入睡表明乳量能满足需要

2. 哺乳结束后，母亲应将婴儿抱起，轻拍其背，其目的是

A. 促进消化和吸收　　B. 防止溢乳　　C. 避免哭闹

资格考链接

D. 促进睡眠　　　　　　E. 使小儿舒适

分析：

1. 为了刺激乳汁分泌，每次哺乳应尽量吸空一侧乳房，再吸另一侧，故选 D。

2. 哺乳后将婴儿竖抱胸前，头部伏在母亲肩上，轻拍背部 1 ～ 2 分钟，让胃内空气排出，防止发生溢乳，故选 B。

(3) 哺乳期乳房护理：产妇进行乳房护理，有利于哺乳的顺利进行。①每次哺乳要吸空双侧乳房，未吸空者应将乳汁挤出。方法：拇指与其余四指相对放在乳晕上，向胸壁方向有节奏地挤压和放松，并转动手指方位，将乳窦内乳汁排空。②切忌用乙醇、肥皂等擦洗乳头，以免引起局部皮肤干燥、皲裂。哺乳后挤少量乳汁涂在乳头上，以保护皮肤，防止皲裂。③哺乳期间乳母应戴上合适的棉制胸罩，以支托乳房和改善乳房血液循环。④哺乳期间，母亲最好每天用温水洗浴乳房 1 ～ 2 次；每天坚持做俯卧撑、扩胸等运动，加强前胸肌肉力量，增强对乳房的支撑。

考点：哺乳期乳房的护理。

2. 饮食和营养保健指导　哺乳期乳母要保证充足的营养供给，做到荤素搭配，种类齐全，少量多餐，每日以 4 ～ 5 餐为宜。产后多进汤水、清淡的流质（每天至少进食流食 3000ml）、半流质或软的饭菜，如面条、粥类、牛奶、动物肝脏、大豆、鸡汤、猪蹄汤、新鲜鱼汤、蔬菜汤等，以保证乳汁的充足。注意补充钙、铁、锌、铜等矿物质。

3. 运动和休息　哺乳期要保证生活规律。充分的睡眠和适宜的体育锻炼，不仅可以促进母亲的身心健康，减少产后抑郁症的发生，还有助于哺育及照顾婴儿。运动不仅不影响乳汁分泌的量，经常运动还可以促进乳汁分泌。但在剧烈运动后要至少休息 90 分钟后再哺乳，因为剧烈运动后乳酸会增加 4 倍并持续 60 ～ 90 分钟。运动方式可采取产褥期保健操、游泳、舞蹈、行走等，运动量要循序渐进。

4. 哺乳期避孕　产后哺乳会抑制排卵，推迟月经复潮。不哺乳妇女，一般在产后 6 ～ 10 周月经复潮，约产后 10 周恢复排卵。哺乳期妇女月经延迟复潮，甚至哺乳期月经不来潮，一般在产后 4 ～ 6 个月恢复排卵。产后较晚恢复月经者，首次月经复潮前多有排卵，故一般应于产后 42 天落实避孕措施，哺乳者以工具避孕为宜，不哺乳者可采用工具避孕或药物避孕。

哺乳期不宜使用的避孕方法：①自然避孕法，由于月经尚未正常恢复，无法计算排卵期和安全期。②阴道避孕药膜，因哺乳期阴道较干燥，膜不易溶化完全，容易引起避孕失败。③含雌激素的避孕药物，可抑制乳汁分泌。

5. 避免有害因素影响

(1) 避免接触有毒物质：避免接触铅、汞、苯、镉、铍、砷、氰化物、氮氧化物、一氧化碳、二硫化碳、氯、乙内酰胺、氯丁二烯、环氧乙烷、苯胺、甲醛等有毒物质；避免到有毒物质浓度超过国家卫生标准的场所；不从事《体力劳动强度分级》标准中第Ⅲ级体力劳动强度的工作；不从事空气中锰、氟、溴、甲醇、有机磷化合物、有机氯化合物的浓度超过国家卫生标准的作业。

(2) 哺乳期用药：乳母用药一般均可经过乳汁排出，但各种药物在乳汁中的浓度不同，哺乳期用药首先应权衡用药的必要性和对乳儿可能造成的危害，选用从乳汁排出少、婴儿可以使用的药物，根据药物的半衰期长短调整用药和哺乳的间隔时间，最少间隔 4 小时以上。

避免在药物浓度高峰时哺乳，可采取哺乳后用药。当用药剂量过大或疗程过长时，应暂停哺乳。

（三）心理调适

1. 强化愉悦的感觉和快乐的情绪 仔细倾听乳母对新生儿的评价和护理过程中的感受，并不断地加以赞赏，使乳母得到充分的肯定和心理满足，强化其愉悦的感觉和快乐的情绪，以排解其心中的不快和郁闷，维持良好的心理状态，促进乳汁分泌。

2. 鼓励产妇独立 通过多种方法，使乳母尽快完成角色转换。

(1) 宣传母乳喂养对母儿的好处，帮助树立母乳喂养的信心。

(2) 母婴同室，乳母多拥抱和抚摸婴儿，通过目光和肌肤接触，增进母婴感情。

(3) 鼓励产妇参与自身护理和新生儿护理，使其注意力由自身尽快转向新生儿，完成母亲角色的转变。

(4) 新生儿的出生打乱了以往的生活状态，鼓励产妇逐渐适应新生儿出生带来的生活秩序的变化。

3. 知识宣教 使乳母了解母乳喂养和婴儿生长发育知识，排解其担忧。

4. 心理咨询、指导与治疗 对高危产妇，除了群体的健康教育和一般的关心之外，对个别需要心理咨询者，要有针对性地给予心理指导；有产后抑郁、产后精神障碍等明显心理障碍的要及时请心理医生进行心理治疗。

（四）社会支持

医疗和保健人员要了解乳母的心理需求，了解乳母对新生儿、对母乳喂养、对新家庭的看法，耐心解答其提出的问题；鼓励和指导其丈夫和家庭成员参与乳母和新生儿护理；了解乳母的心理、生理变化，给予更多的关爱和照顾；工作单位要保证乳母工作中应享受的哺乳时间、不安排值夜班、避免接触有害物质等待遇。

（五）哺乳期常见疾病的预防和保健

1. 乳房胀痛 因乳房淋巴、静脉充盈以及间质水肿、乳汁排出不畅所引起，乳腺通畅后症状自然消退。

预防和保健：产后婴儿勤吸吮，适当使用局部热敷、按摩等方法，可减轻乳胀，严重者可用手或吸奶器排出乳汁，也可服用散结通乳中药。

链接

吸奶器的使用

吸奶器是把乳汁从乳母乳房中吸出的一种工具。玻璃罩端罩在乳头上，利用橡皮球压缩复原时的负压将乳汁吸出。主要用途：①婴儿太小或体力太弱不能吸吮乳头。②乳头皲裂引起疼痛不能直接喂哺时，可将吸出的乳汁经过消毒后用滴管或鼻饲法喂养婴儿。③婴儿喂哺结束乳房内仍有乳汁时。④乳母不能按时哺乳以致乳汁充溢时。⑤乳母服用对婴儿有害的药物而暂停哺乳时。

2. 乳汁淤积 因乳腺管阻塞，使乳汁不能排出，形成硬结，如不及时处理可发展成乳腺炎和乳房脓肿。

预防和保健：避免乳房受压。哺乳前局部热敷以促进乳腺管扩张，使乳汁排出。出现硬结后继续给婴儿吸吮，轻轻地向乳晕方向按摩，促使乳腺管通畅，乳房排空，可消除乳汁淤积。

3. 乳腺炎　多因乳汁淤积、乳头皲裂、乳房受压所致。

预防和保健：保持乳头清洁，防止乳汁淤积和乳房受压。乳腺炎早期局部用鲜蒲公英、银花叶外敷。全身应用抗生素治疗可防治严重感染及败血症，患侧停止哺乳，及时用吸奶器吸出乳汁丢弃；如果脓肿形成，则切开引流。

4. 乳头皲裂　因婴儿吸吮时含接不正确、哺乳结束时强行拉出乳头等使乳头皮肤损伤所致。

预防和保健：哺乳前用乳汁湿润乳头，婴儿吸吮时正确含接，增加哺乳次数，缩短吸吮时间，哺乳结束时正确取出乳头，在乳头上涂少量乳汁。如因乳头皲裂疼痛而影响哺乳时，可使用吸奶器和特制的乳头防护罩间接哺乳。

5. 乳汁不足　常与乳母的饮食、休息、睡眠及精神状态等有关。

预防和保健：坚定母乳喂养的信心，加强营养，保证休息，保持精神愉快，多进汤汁、多饮水，避免使用影响乳汁分泌的药物，坚持婴儿多吸吮，可服用催乳的中药。

6. 退乳　产妇因病或其他原因不能哺乳者，应尽早退乳。

目前不推荐雌激素或溴隐停退乳，其他的退乳方法有：①生麦芽，水煎当茶饮，60～90g，每日 1 次，连服 3～5 日。②芒硝，250g 研成粉末，分装两纱布袋内，外敷于两乳房并包扎，用至乳房胀痛缓解。

考点： 哺乳期常见疾病的预防和保健。

小结

产妇分娩后生理和心理发生了很大的变化。哺乳期指导产妇适应这些变化并鼓励其树立母乳喂养的信心，提供母乳喂养和科学育儿指导，做好乳房护理，正确指导产妇哺乳，促进母乳喂养成功。加强哺乳期保健，确保哺乳期母婴健康。

（段慧琴）

自测题

A_1 型题

1. 关于乳汁分泌的叙述错误的是
   A. 产后 4 天内分泌的乳汁为初乳
   B. 产后 11 天以后的乳汁为成熟乳
   C. 初乳每日量为 15～45ml
   D. 成熟乳中脂肪和糖的含量少
   E. 初乳富含蛋白质、矿物质及分泌型 IgA
2. 与乳汁分泌无关的因素是
   A. 垂体催乳素　B. 婴儿吸吮乳头的刺激
   C. 乳母的休息和睡眠　D. 乳母的营养
   E. 乳母的运动
3. 母乳喂养对母体的有利之处不包括
   A. 促进子宫缩复减少产后出血
   B. 哺乳可增进母子之间的感情
   C. 哺乳能消耗机体的营养
   D. 哺乳期闭经利于产后恢复
   E. 可降低乳腺癌、卵巢癌的风险
4. 母乳喂养对婴儿的有利之处不包括
   A. 利于婴儿消化、吸收和利用
   B. 降低婴儿免疫力
   C. 利于钙的吸收和牙齿发育
   D. 促进面部肌肉运动和发育
   E. 促进婴儿心理健康和发育
5. 剧烈运动之后要休息多长时间再哺乳

A. 至少 10 分钟后 B. 至少 30 分钟后
C. 至少 50 分钟后 D. 至少 70 分钟后
E. 至少 90 分钟后

A_2 型题

6. 世界卫生组织和儿童基金会 1989 年发表了保护、促进和支持母乳喂养的联合声明，提出了
A. 自由体位分娩
B. 促使母乳喂养成功的十点措施
C. 爱母行动的倡议
D. 不宜常规使用的产科操作
E. 以上都不是

7. 产妇芳芳向护士咨询母乳喂养的优点，她的理解下列哪项是错误的
A. 母乳是婴儿最理想的营养食品
B. 母乳喂养能增加婴儿抗病能力
C. 母乳喂养能增进母子感情
D. 母乳温度适宜，经济方便
E. 除母乳外禁止给婴儿吃任何食物和饮料

8. 护士进行新生儿访视并对家长进行母乳喂养的知识宣教，护士指导以下能反映乳汁分泌不充足的现象是
A. 哺乳前乳胀不明显
B. 哺乳后婴儿安然入睡
C. 婴儿每天小便在 6 次以上，色淡黄色
D. 婴儿吸吮时乳汁充分
E. 婴儿体重增加迅速

9. 蓉儿是一位新妈妈，她向儿保门诊护士咨询母乳喂养的方法。关于哺乳的时间和次数下列哪项不正确
A. 第一次哺乳在产后 30 分钟内进行
B. 新生儿提倡按需哺乳
C. 生后 3 ～ 4 个月大约每日哺乳 6 次
D. 提倡 3 个月内纯母乳喂养
E. 每次哺乳时间为 15 ～ 20 分钟

10. 婴儿，男，足月新生儿，6 天，母亲哺乳后婴儿有溢乳现象。母亲向访视护士咨询防止发生溢乳的方法是
A. 双侧乳房交替喂哺
B. 喂哺前清洗双手，换尿布
C. 采用坐位哺乳
D. 婴儿的口唇含接乳头和大部分乳晕
E. 喂哺后竖抱小儿，轻拍其背

11. 产妇张丽，28 岁，7 天前顺产一男婴。下列哪项不是她哺乳期的心理特点
A. 婴儿吸吮时紧张和焦虑
B. 为婴儿成长发育有更多的担忧
C. 产后 1 ～ 3 天新生儿护理多依赖别人
D. 看到婴儿的变化和成长有成就感
E. 支持力量不足时会产生焦虑和无助

12. 小李是新入职的母婴保健工作人员，她正在尽快熟悉业务，关于哺乳期保健的目的，以下哪项不属于
A. 增加乳汁分泌量，提高哺育能力
B. 提供哺乳期保健和科学育儿指导
C. 筛查遗传性疾病
D. 宣传母乳喂养的好处
E. 促进和支持母乳喂养

13. 阿辉是一名哺乳期妈妈，她向社区保健人员咨询哺乳期保健的内容，她了解到的信息下列哪项是错误的
A. 提倡 6 个月内纯母乳喂养
B. 提倡按需哺乳
C. 乳母不得安排夜班及加班、加点
D. 让新生儿早吸吮、多吸吮
E. 喂乳前用乙醇消毒乳头

A_3/A_4 型题

（14 ～ 15 题共用题干）

小霞怀孕 5 个月，护士对其进行孕期和有关育儿的宣传教育。

14. 以下叙述是小霞了解到的关于母乳喂养的知识，哪项不正确
A. 早吸吮、早接触
B. 掌握正确的哺乳姿势
C. 母婴同室
D. 按需哺乳
E. 临产前应准备好奶瓶、奶粉

15. 护士对哺乳期饮食和营养指导正确的是
A. 少量多餐，每日以 7 ～ 8 餐为宜
B. 每天至少进食流食 1000ml
C. 产后应少进汤水
D. 为了保证营养，要多进食荤食
E. 注意膳食中钙、铁、锌的补充

7

第7章　新生儿期保健

伴随着婴儿的啼哭声，又一个新生命诞生了。初为人母的妈妈对宝宝充满了母爱，但缺乏一定的耐心和经验，面对哭闹不停的宝宝感到手足无措。从脐带结扎至出生后满28天称为新生儿期，新生儿是胎儿的延续，是人类发育的基础阶段，具有许多生理特征。每一个新生儿都要经历由宫内到宫外、由依赖母体到独立生活的巨大转变，是人生经历变化最大的时期。帮助宝宝适应新的生活环境，顺利安全地度过这一特殊阶段，促进其身心健康，从而降低其发病率和死亡率是新生儿期保健的重点。

第1节　新生儿的生理、心理及行为特点

案例 7-1

伴随着哇哇哭声，张女士顺产娩出一个重达4kg的大胖小子。升级为父母的张女士和李先生在欣喜之余，更多感到的是手足无措，这个儿子不是洋娃娃，也不是机器人，他是一个身体柔嫩需要悉心照顾的新生儿。

问题： 1. 新生儿的发育有哪些特点呢？

2. 新生儿特殊的生理状态该如何识别呢？

一、新生儿的生理特点

（一）体型特点

新生儿头大身长，四肢短。头约占身长的1/4（成人为1/8）。腿约占身长的1/3（成人为1/2）。

（二）神经系统

新生儿脑相对比成人大，占体重的10%～20%，但脑沟、脑回仍未完全形成。大脑对下级中枢抑制较弱，且锥体束、纹状体发育不全，故新生儿多呈现不自主、不协调运动；肌张力较高。大脑皮质兴奋性低，睡眠时间长，觉醒时间一昼夜仅为2～3小时。

角膜反射、瞳孔反射、吞咽反射等反射出生时即存在，且终身不会消失；而觅食反射、吸吮反射、握持反射、拥抱反射等则是新生儿所特有的原始神经反射，可随婴儿月龄的增长而逐渐消失。

（三）呼吸系统

新生儿呼吸中枢及呼吸肌发育不完善。呼吸以腹式呼吸为主，呼吸表浅、节律不齐，新生儿呼吸频率较快，安静时约为 40 次 / 分。

（四）循环系统

新生儿心率快且波动范围较大，通常为 90 ～ 160 次 / 分。新生儿血压平均为 70/50mmHg。血液多集中于内脏和躯干，四肢易发凉或青紫。

（五）消化系统

新生儿出生时吞咽功能已完善，但食管下部贲门括约肌松弛，胃呈水平位，幽门括约肌较发达，容易发生溢乳现象。新生儿胃容量为 30 ～ 60ml。新生儿肝酶活力较低，对胆红素的代谢能力差，表现为生理性黄疸。新生儿生后 24 小时内排出墨绿色糊状、黏稠的胎粪，2 ～ 3 天过渡到正常黄色粪便。

（六）泌尿系统

新生儿肾小球滤过率低，肾小管的重吸收、排泄、浓缩和稀释等功能均不成熟，摄入水、电解质过多易发生水肿，进水少则易脱水。新生儿一般在生后 24 小时内开始排出尿液，少数在 48 小时内排尿，1 周内每天排尿可达 20 次。

（七）血液系统

新生儿出生时血红蛋白为 170g/L（140 ～ 200g/L），通常生后 24 小时达峰值，约于第 1 周末恢复至出生时水平。白细胞生后第 1 天为（15 ～ 20）$\times 10^9$/L，3 天后明显下降，5 天后接近婴儿值。

（八）免疫系统

新生儿特异性及非特异性免疫系统均未发育成熟。从母体获得的免疫球蛋白 IgG 水平较高，可抵抗麻疹、猩红热等传染病。呼吸道和消化道分泌型 IgA 不足，皮肤黏膜薄嫩，屏障作用差，血清补体含量低，白细胞吞噬功能差，因此新生儿易患感染性疾病。

（九）新生儿特殊生理状态

1. 生理性体重下降　新生儿出生数日内，因进食少、水分丢失及胎粪排出等原因出现体重下降，但一般不超过 10%，于生后 7 ～ 10 天恢复到出生时的体重。

2. 生理性黄疸　约有 85% 的足月新生儿在生后 2 ～ 3 天出现黄疸，4 ～ 5 天达高峰，5 ～ 7 天消退，最迟不超过 2 周。黄疸期间新生儿一般情况良好，无其他临床伴随症状，血清总胆红素浓度足月儿＜ 221μmol/L（12.9mg/dl）。

考点：新生儿的生理特点。

3. 乳腺肿大　因受母亲雌激素、孕激素等的影响，多于生后 4 ～ 7 天出现乳腺肿大，男、女新生儿均可出现，如蚕豆或核桃大小，2 ～ 3 周消退。

4. 假月经　部分女婴生后 5 ～ 7 天可见阴道流出少许血性分泌物，或大量非脓性分泌物，可持续 1 周，称假月经。此由于来自母体的雌激素突然中断所致。

5. “马牙”和“螳螂嘴”　在新生儿上腭中线两侧和齿龈切缘上常出现黄白色的颗粒，俗称“马牙”，于生后数周至数月自行消失。新生儿面颊部有脂肪垫，俗称“螳螂嘴”，对吸乳有利，不应挑割，以免发生感染。

资格考链接

足月新生儿，女，出生后6天，生后第3天出现皮肤黄染，无发热，精神状态好，心肺脐检查无异常，血清胆红素154μmol/L。

1. 该新生儿最有可能是

A. 新生儿肝炎　　B. 新生儿溶血　　C. 生理性黄疸

D. 胆道闭锁　　E. 母乳性黄疸

2. 目前正确的处理方法是

A. 光照疗法　　B. 给予苯巴比妥　　C. 输白蛋白

D. 应用抗生素　　E. 暂不需要处理，密切观察

分析：

1. 足月儿，生后第3天出现黄疸，一般情况良好，血清胆红素154μmol/L考虑生理性黄疸，故选C。

2. 生理性黄疸无需特殊处理，故选E。

二、新生儿的心理及行为特点

（一）新生儿的心理特点

新生儿出生时不具有心理现象（以出现明确而稳定的条件反射为指标），是个体心理活动的起点，觉醒时对周围环境中的巨响及强光刺激产生无条件定向反射，这是一种原始的无意识注意。第一个条件反射出现于生后2周左右，即被母亲抱起喂奶时出现吸吮动作，这标志着记忆的开始。

考点：新生儿第一个条件反射出现的时间。

新生儿有愉快和不愉快两种情绪反应，与生理需要是否得到满足和身体的健康状况有关，新生儿对寒冷、饥饿、不适可以表现出不安、啼哭；哺乳、搂抱、轻摇可使其安静；对成人的声音、触摸做出看、听、安静、愉快等反应，特别是母亲温馨的爱和保护使新生儿有安全感，可促进身心的健康发育和发展。

新生儿生后不久出现明显的个性差异。有的爱哭，有的安静；有的很容易抚慰，有的则很难使其安静；有的吃奶时不轻易受外界干扰，有的则容易分散注意力。新生儿无想象、无意志、无思维活动。

（二）新生儿的行为特点

新生儿的行为以反射活动为特点。出生后随着大脑皮质、感觉器官的发育，新生儿逐步形成各种条件反射。新生儿出生时已有视觉感应功能，瞳孔有对光反应，可注视物体。新生儿出生时听力差，3～7天时听觉非常好。新生儿味觉相当灵敏。新生儿眼、口周、手掌、足底等部位的触觉很灵敏，触及口周即出现觅食反射。新生儿温度觉很灵敏，出生时遇到冷刺激即啼哭，保暖后则安静。新生儿常出现无意识、无规律、不协调的手足徐动，听到铃声全身活动减少。啼哭是新生儿的交流形式，他们会用不同的哭声表达饥饿、睡眠、排便、寒冷、不适或疼痛等需要与感觉，引起成人注意。

考点：新生儿的行为特点。

第2节　新生儿期保健的内容和措施

案例7-2

虽然女儿出生只有10天，但是从她出生的那刻起，王女士这个新妈妈就在纠结到底是

选择人工喂养还是母乳喂养，如何应对新生儿的哭闹、日夜颠倒的睡眠现象？

问题：你能运用所学的知识对这位新妈妈进行新生儿保健指导吗？

一、新生儿期保健的目的、意义

(1) 帮助新生儿适应外界生活环境和生活方式。

(2) 指导新生儿家庭保健，促进新生儿身心健康发育和发展。对新生儿常见疾病，做到早发现、早治疗，降低新生儿发病率和死亡率。

(3) 早期筛查与诊治新生儿内分泌与遗传代谢性疾病等，改善其预后。

二、保健内容和措施

（一）成长检测与评价

考点：新生儿访视的次数及时间。

新生儿期主要是通过家庭访视对其进行成长检测与评价。访视时间是新生儿出生后的第3天、第7天、第14天、第28天，各访视一次，共4次，如有异常情况，酌情增加访视次数。通过访视系统地观察和监测新生儿的身心发育和发展及营养状况并做出评价，指导新生儿喂养、日常护理和预防接种等。每次访视后，填写好访视卡，待满月后转至婴幼儿保健管理系统。

（二）出生时的护理

(1) 环境温、湿度：室温保持在22～24℃，相对湿度在55%～65%。

(2) 新生儿护理

1) 新生儿娩出后应迅速清理口、鼻和呼吸道内的黏液和羊水，保证呼吸道通畅。

2) 严格消毒、结扎脐带。

3) 记录出生时Apgar评分、体温、呼吸、心率、体重与身长、头围和囟门大小。

4) 出生后经观察，正常者母婴同室，高危儿送入新生儿重症监护室。

(3) 出生后30分钟内给予吸吮母亲乳头，尽早开奶。

(4) 新生儿筛查：内分泌和遗传代谢疾病是严重影响新生儿发育与健康的疾病，出生后即筛查，可以早发现、早诊断、早治疗，预防疾病的发展带来的严重后果。新生儿出生后应根据要求进行内分泌、遗传代谢疾病的筛查和听力筛查。

1) 苯丙酮尿症的筛查：新生儿喂奶3天后，采集足跟末梢血一滴，吸在厚滤纸上，晾干后邮寄到筛查中心。当苯丙氨酸＞0.24mmol/L（4mg/dl）时，应复查或采集静脉血测定苯丙氨酸，血苯丙氨酸≥1.2mmol/L（20mg/dl），可确诊苯丙酮尿症。

考点：新生儿筛查项目。

2) 甲状腺功能低下症的筛查：目前多采用出生后2～3天的新生儿干血滴纸片检测TSH浓度作为初筛，当TSH＞20mU/L时，再检测血清T_4和TSH，复查TSH持续升高、T_4降低可确诊先天性甲状腺功能低下症。

3) 听力筛查：新生儿听力筛查在新生儿出生后48小时即可用简便无创的方法及时发现听力障碍，为进行早期干预创造条件。正常出生新生儿实行两阶段筛查，出生后48小时至出院前完成初筛，未通过者及漏筛者于42天内进行双耳复筛。复筛仍未通过者在出生后3个月龄内转诊至省级卫生行政部门指定的听力障碍诊治机构接受进一步诊断。对于听力障碍的新生儿，针对不同性质不同程度的听力障碍应采取相应的康复手段。

链接

保护宝宝的听力 从听力筛查开始

2011年3月3日是我国第12个“爱耳日”，主题为：康复从发现开始——大力推广新生儿听力筛查。先天性听力损失是常见致残性疾病之一，已成为全球关注的重大公共卫生问题。正常新生儿中，双侧先天性听力损失的发病率约为3‰，居目前可筛查的出生缺陷疾病之首。在我国平均每年大约要新增2.3万名听力残疾儿童，而我国目前的新生儿听力筛查率仍然很低。婴儿出生前无法诊断出其是否存在听力障碍，所以早发现、早诊断、早治疗对于有听力障碍的儿童来说至关重要，可以及时对他们开展早期干预，提高康复效果。

（三）新生儿家庭保健

1. 保暖　置新生儿于中性温度之中，足月儿包被时室温为22～24℃，环境湿度为55%～65%。新生儿衣服、包被不宜过多、过厚，室内空气应新鲜、流通，保持新生儿体温稳定。遇不明原因新生儿哭闹、烦躁，应排除因环境温度过低或过高造成的新生儿不适。

2. 科学喂养　新生儿出生后尽早开奶，提倡母乳喂养、按需喂哺。生后2周起逐渐补充鱼肝油和鲜果汁等。

对母乳不足或其他原因不能采取母乳喂养者，选用部分母乳喂养或人工喂养，首选婴儿配方奶粉。人工喂养应定时喂乳，两次喂乳之间加喂水或果汁以补充水分和维生素。用奶瓶喂哺，橡皮乳头孔的大小要合适，将乳汁试温以不烫手为宜（以手背或前臂内侧为准）。抱起新生儿置膝上，以半卧位姿势喂哺。将橡皮乳头接触新生儿口角，当新生儿开口时，再将橡皮乳头放在其舌上，使奶瓶角度恰好能使乳汁充满乳头进行喂哺。

鲜牛乳乳量计算（即计算牛乳、水及糖的需要量）一般按每日所需热量和水来计算。全日乳量可一次调配后分装于数个奶瓶中，存放于冰箱内冷藏，每次取一瓶，温热后喂哺；也可分次调配。出生后1～2周内的新生儿可用2∶1乳（鲜牛乳2份，加水1份），以后逐渐过渡到3∶1或4∶1乳，满月后即可用全乳。

喂乳时要特别重视消毒，配乳及喂乳前均须洗净双手。奶瓶、橡皮乳头、匙、盆、碗、杯等食具，每次用后都要刷洗干净，置锅内煮沸消毒。奶瓶中剩余乳汁不宜下顿再喂，以防变质。

3. 皮肤和脐部的护理　每天应检查和清洗新生儿的皮肤和脐部，保持清洁干燥。每次大便后用温水冲洗臀部，并用清洁软布轻轻拭干。新生儿皮肤红斑、胎记、粟粒疹不需特殊处理。脐带残端一般在1周内自行脱落，脱落后仍需护理2天。注意观察脐部有无渗血和污染，并及时处理。

链接

宝宝满月了，要不要剃胎毛？

一些地方有这样的习俗，婴儿满月要剃个“满月头”，把胎毛甚至眉毛全部剃光，认为这样做，将来孩子的头发、眉毛会长得又黑、又密、又漂亮。专家认为，“满月剃胎发”毫无科学依据。头发长得快与慢、细与粗、多与少与剃不剃胎毛并无关系，而是与孩子的生长发育、营养状况及遗传等因素有关。婴儿皮肤薄、嫩、抵抗力弱，剃刮容易损伤皮肤，引起皮肤感染，如果细菌侵入头发根部破坏了毛囊，不但头发长得不好，反而会弄巧成拙，导致脱发。因此“满月头”还是不剃为好。

4. 沐浴　为了保持新生儿皮肤的清洁卫生，应至少每天沐浴1次，沐浴时室温

26～28℃、水温保持在37～39℃，按照眼、脸部、鼻、耳、头、身体的顺序为新生儿沐浴。盆浴时要注意浴盆中先放冷水后加热水。生后第2天即可进行沐浴。

5. 预防感染

(1) 保持新生儿室清洁卫生、光线充足，定期开窗通风，每天至少2～3次，每次至少20～30分钟。

(2) 减少探视，护理新生儿前、后要洗手，护理操作动作要轻柔。

(3) 保证新生儿使用的所有用具都是清洁的，做到定期消毒，及时更换。

(4) 切勿挤压新生儿肿大的乳腺或挑割"马牙"与"螳螂嘴"，以免感染。

6. 眼部、耳部、鼻腔和口腔的护理 出生后可预防性使用新霉素眼药水为新生儿滴眼。沐浴时成人用拇指和示指堵住新生儿的双耳，以免进水；在耳后局部涂爽身粉或消毒植物油，以预防湿疹、皲裂的发生。新生儿有鼻痂时，可用0.9%氯化钠溶液滴鼻，待鼻痂软化后用吸鼻器轻轻吸出鼻痂，或用特制的镊子（头钝、弯）轻轻将其夹出来。可喂温开水清洁口腔，不宜擦拭口腔，所有哺喂用具煮沸消毒后方可使用。

7. 衣物、尿布及纸尿裤的选择

(1) 新生儿的贴身衣服应以吸湿性强、透气性好、无刺激性的纯棉制品作为首选。

(2) 衣物应宽大、舒适、容易脱穿，方便新生儿肢体的活动。

(3) 衣物上不使用纽扣，可用柔软的细带。

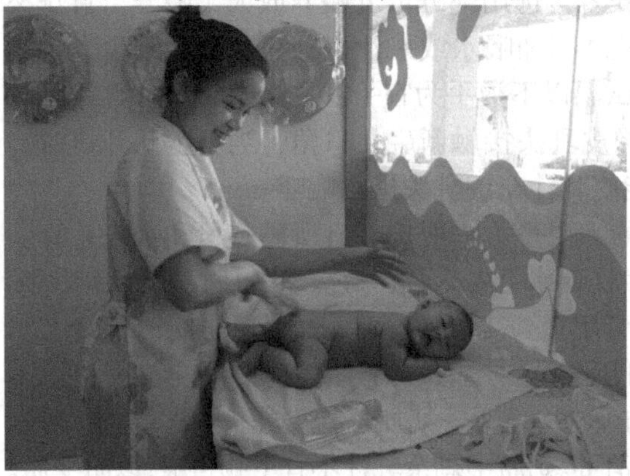

图7-1 新生儿抚触

(4) 尿布宜选择质地柔软、耐洗、易干、吸水性能好的纯棉制品，做到勤更换，以预防尿布疹。

(5) 纸尿裤选择吸水性强、透气性能好、柔软舒适、不含有刺激成分、不会与皮肤产生摩擦且适合于新生儿臀部大小的品质好的纸尿裤。

8. 不滥用药物 新生儿肝肾功能不成熟，对药物的代谢解毒及排泄能力差，药物易在体内蓄积中毒，所以新生儿期应谨慎用药，不可滥用药物。红霉素、氯霉素、维生素K、苯巴比妥、阿司匹林等药物对新生儿有害，应禁用或慎用，新生儿用药应在儿科医师指导下应用。

9. 早期教养与新生儿抚触 新生儿的视、听、触觉已初步发育，可通过反复的视觉和听觉等感觉统合训练，建立各种正常的条件反射，培养新生儿对周围环境的定向力及反应能力。新生儿抚触（图7-1）可以增强新生儿肌肉力量和关节灵活度的发展，促进新生儿身心发展，促进母婴情感交流互动。

考点：新生儿家庭保健。

10. 日常观察 应密切观察新生儿的哺乳情况，有无拒哺、吸乳无力、溢奶或吮奶后青紫；应注意新生儿的哭声，有无高声尖叫、哭声无力或断续呻吟；注意新生儿皮肤颜色，有无黄疸、出血点、皮肤化脓感染等，并应注意观察新生儿精神、面色、大小便及睡眠情况，发现异常情况应及时寻找原因予以处理。

（四）预防接种

考点：新生儿预防接种。

1. 卡介苗 出生后3天接种卡介苗，以预防结核病。

2. 乙肝疫苗 新生儿出生后24小时内、1个月和6个月时各接种乙肝病毒疫苗1次，以预防乙型肝炎。

（五）新生儿期常见症状与疾病的预防保健和护理

1. 呛奶　是新生儿期常见的现象，多为生理性的，多因哺乳量过大、过急或哭闹后哺乳而引起。

预防保健：①新生儿喂哺时按照防止溢乳的原则进行。②人工喂养时奶嘴开孔要适度，一次哺乳量不宜过大，喂哺时乳汁完全充满奶嘴。③哺乳后竖抱新生儿，轻拍其背部，防止溢乳。护理：一旦发生呛奶，立即将新生儿面朝下俯卧于母亲腿上，母亲取坐位，然后一手抱新生儿，另一手空心掌叩击新生儿背部，以促使新生儿将呛入的乳汁流出。

2. 烫伤　因使用暖水袋保暖或新生儿沐浴时水温过高而引起。新生儿烫伤不仅仅是皮肤受到伤害，严重的可导致死亡。

预防保健：①暖水袋水温为50℃，隔着被子放在距新生儿10cm远处。②新生儿沐浴时，水温控制在37～39℃，先放冷水，后放热水。护理：烫伤后迅速避开热源，立即把烫伤部位浸入洁净的冷水中，烫伤不严重一般可在家中先做处理，用冷开水（或淡盐水）冲洗清洁创面。烫伤严重者立即去医院处理。

3. 窒息　家庭引起窒息的原因主要是新生儿仰卧位时溢出的乳汁进入呼吸道、产妇卧位喂哺新生儿、新生儿趴睡等。窒息会危及新生儿的生命，要提高警惕，严加防范。

预防保健：①指导产妇尽量避免卧位母乳喂养。②尽量避免新生儿趴睡。③新生儿口鼻周围避免有软性物品。护理：一旦发生窒息，要立即清理新生儿呼吸道的分泌物，同时采取弹足底的方法刺激呼吸、进行口对口人工呼吸等，严重者要紧急就医。

4. 脐炎　由于断脐时或出生后处理不当而被金黄色葡萄球菌、大肠埃希菌或溶血性链球菌等侵染脐部所致。

预防保健：①做好断脐后的护理，保持局部清洁卫生。②在脐带残端未脱落前，沐浴后要将脐带周围的水吸干，可用乙醇消毒，再换上干净的纱布包裹好。③勤换尿布，防止尿液污染脐部。护理：脐轮与脐周皮肤轻度发红或伴有少量浆液脓性分泌物，局部用3%过氧化氢及乙醇清洗，每日2～3次；脓液较多，脐周有扩散或伴有全身症状者需选用适当的抗生素静脉注射；若有脓肿形成，则需行切开引流；脐肉芽肿，可用10%硝酸银烧灼或搔刮局部。

5. 脐疝　由于脐环关闭不全或薄弱，腹腔脏器由脐环处向外突出到皮下而形成。出生后一年内腹肌逐渐发达，多数疝环逐渐狭窄缩小，自然闭合，预后良好。

预防保健：①给患儿白天佩带弹性腹带，夜睡时松下，并经常调节松紧度防止脐疝过分膨出。②尽量避免患儿哭闹。护理：脐疝外凸明显，安静时用手指压迫脐囊回纳。④疝囊较大、4岁以上仍未闭合者可手术修补。

6. 新生儿肺炎　是新生儿时期一种常见的呼吸道感染性疾病，多因吸入胎粪、羊水、乳汁或感染而引起，护理不当、受凉等是新生儿肺炎发生的诱因。

预防保健：①定期孕期检查，防止宫内缺氧引起胎粪和羊水的吸入。②采用正确的喂乳方法。③有呼吸道感染者不要接触和护理新生儿。④注意室内空气流通，避免受凉，衣被适度，室温不宜过高。护理：应送医院诊治，

> **考点：**新生儿常见症状与疾病的预防和护理。

7. 鹅口疮　是由白色念珠菌感染引起的口腔黏膜的炎症，口腔黏膜出现点、片状乳凝块样物，无流涎。

预防保健：①做好奶瓶、橡皮乳头、玩具等的清洁消毒。②避免长期使用广谱抗生素和类固醇激素。护理：患处涂制霉菌素混悬液。

小结

新生儿期是小儿时期发病率和死亡率最高的阶段。由于其刚刚脱离母体独立生活，内外环境发生了巨大变化，而新生儿各器官系统发育尚不完善，易受内外环境因素的影响而发病。了解新生儿的生理、心理及行为特点，识别新生儿特殊生理状态，做好新生儿出生时护理、家庭保健和预防接种工作，掌握新生儿常见症状与疾病的预防保健护理，从而减少新生儿的发病率和死亡率，保证新生儿身心健康成长。

（段慧琴）

自测题

A_1 型题

1. 新生儿期是指从出生断脐至足
   A. 7 天　B. 14 天
   C. 28 天　D. 30 天
   E. 45 天
2. 新生儿出现第一个条件反射的时间是生后
   A. 1 天左右　B. 3 天左右
   C. 1 周左右　D. 2 周左右
   E. 3 周左右
3. 新生儿“马牙”的处理方法是
   A. 无需特殊护理　B. 用生理盐水漱口
   C. 涂制霉菌素　D. 涂金霉素鱼肝油
   E. 用针挑割
4. 对新生儿进行第一次家庭访视的时间一般是生后
   A. 第 1 天　B.　第 2 天
   C. 第 3 天　D. 第 5 天
   E. 第 7 天

A_2 型题

5. 护士小张对新生儿进行满月访，体格检查时下列哪个反射不属于新生儿期所特有的原始神经反射
   A. 觅食反射　B. 吞咽反射
   C. 吸吮反射　D. 拥抱反射
   E. 握持反射
6. 社区护士对新生儿家长进行保健指导，下列指导中哪项不符合正常新生儿的生理特点
   A. 呼吸 40 次 / 分左右
   B. 生后 24 小时内排出胎粪
   C. 容易发生溢乳现象
   D. 呼吸类型以胸式呼吸为主
   E. 头占身长的 1/4
7. 新生儿妈妈阿玲因母乳不足来到儿科保健门诊进行人工喂养的咨询。以下指导不恰当的是
   A. 生后 4 周起补充鱼肝油
   B. 喂哺 6 ～ 7 次 / 日
   C. 乳汁温度以手背不烫手为宜
   D. 奶瓶角度以乳汁充满乳头为宜
   E. 首选婴儿配方奶粉
8. 新生儿小花的妈妈正在社区接受关于母乳喂养的健康指导，以下指导不恰当的是
   A. 生后 30 分钟内开始吸吮乳头
   B. 按需哺乳
   C. 两次喂乳之间加喂水或果汁
   D. 哺乳后先拍背再置右侧卧位
   E. 生后 1 个月补充铁剂
9. 带教王老师指导实习护生小赵观察新生儿特殊生理状态，以下哪项不属于新生儿特殊生理状态
   A. 生理性体重下降　B. 呛奶
   C. 生理性黄疸　D. 假月经、乳腺肿大
   E. “马牙”
10. 护士到病房为出生不满 1 天的新生儿接种疫苗，黄奶奶咨询新生儿需要接种什么疫苗
    A. 卡介苗　B. 乙肝疫苗
    C. 卡介苗和乙肝疫苗　D. 麻疹减毒活疫苗

E. 脊髓灰质炎糖丸

A_3/A_4 型题

（11 ～ 14 题共用题干）

李大妈的儿媳妇，怀孕 39 周顺产娩出一个男婴，体重 3900g，身长 54cm。娩出后男婴哭声响亮，四肢呈屈曲状，Apgar 评分 9 分。

11. 以下叙述哪项不是该新生儿的特点
   A. 头约占身长的 1/4
   B. 以腹式呼吸为主，呼吸表浅、节律不规则，40 次 / 分左右
   C. 血液多集中于内脏和躯干，四肢易于发凉或青紫
   D. 生后 24 小时内排出胎粪
   E. 从母体胎盘获得的免疫球蛋白 IgA 水平较高

12. 关于该新生儿的护理，以下说法错误的是
   A. 室温 22 ～ 24℃，环境湿度 55% ～ 65%
   B. 尽早开奶，提倡母乳喂养、按需喂哺
   C. 每次大便后用温水冲洗臀部
   D. 为了保暖，穿质地柔软的纯棉制品紧身衣裤
   E. 应谨慎用药，不可滥用药物

13. 该新生儿生后母乳喂养，2 ～ 3 天时出现黄疸，7 天时黄疸还未消退，血清胆红素 153μmol/L，一般情况良好，无其他伴随症状。以下哪项处理是正确的
   A. 换血准备　　B. 输清蛋白或血浆
   C. 不需处理　　D. 蓝光照射
   E. 口服激素

14. 李大妈发现孩子上腭中线两侧和齿龈切缘上出现黄白色的颗粒，以下说法正确的是
   A. “马牙”，属于生理现象，无需处理
   B. “马牙”，属于生理现象，需马上挑割
   C. 鹅口疮，涂制霉菌素
   D. 鹅口疮，不予处理
   E. “螳螂嘴”，不予处理

8

第8章 婴儿期保健

宝宝一天天地长大，对于妈妈来说，宝宝的一个翻身、一个鬼脸、一个调皮的小动作，甚至是不成语言的咿咿呀呀，都是世界上最好听的乐曲。婴儿期是新生儿期的延续，是指从出生到满1周岁的小儿。此期为小儿出生后生长发育最迅速的时期，做好婴儿期保健，将为孩子一生的健康成长打下坚实的基础。

考点：婴儿期的定义。

第1节 婴儿的生理、心理及行为特点

案例 8-1

乐乐，女，9个月。白天睡眠较好，夜间醒三、四次，有时还哼哼和哭闹，大多数情况下喂牛奶后能继续入睡，但最近需要哄好长时间才肯睡觉。该女婴体温正常，已补钙和锌20天，但这种现象持续存在。

问题：1. 该女婴哭闹的原因是什么？

2. 如何指导父母对其进行保健指导？

一、婴儿的生理特点

婴儿期小儿的身体和心理获得进一步的发展，但与年长儿和成人相比，身心还存在较大差异。

（一）生长发育及营养需求

婴儿期是小儿发育最迅速的时期。1岁时体重相当于出生时体重的3倍，身长相当于出生时的1.5倍，头围增加了12cm，乳牙逐渐萌出，感觉、运动功能和言语发育迅速，1岁时可以叫出物品的名字并会独自走路。旺盛的生长发育对营养素和能量的需求量相对较高，婴儿期每日约需能量460kJ/kg（110kcal/kg），蛋白质母乳喂养者约需2g/(kg · d)，脂肪需4～6g/(kg · d)，糖类12g/(kg · d)，水150ml/(kg · d)。

（二）神经系统

婴儿脑、脊髓的生长发育较快，由于神经髓鞘没有完全形成，所以婴儿对外来刺激反应常较慢而且易于泛化。婴儿出生时已具备多种暂时性原始反射，如觅食反射、吸吮反射、握持反射、拥抱反射等出生时即存在，生后3～6个月消失。正常情况下，这些反射数月后自然消失。新生儿期如这些反射减弱或消失，或数月后仍存在，常提示神经系统疾病。腹壁反射、提睾反射及各种腱反射出生以后逐渐出现。病理反射在1岁内可呈阳性，若单侧为阳性，应考虑为异常。

小婴儿由于大脑皮质兴奋性低，睡眠时间较长，2～5个月每天睡15～18小时，6～12个月每天睡14～16小时。婴儿睡眠时间过少，可影响身体发育；睡眠时间过长，影响婴儿活动的时间，使其动作发育迟缓。饮食和护理不当、环境和疾病因素均可影响婴儿睡眠。

（三）消化系统

婴儿3个月以前唾液腺发育较差，唾液分泌量少，故口腔黏膜干燥易损伤；小婴儿牙齿还未萌出，咀嚼功能缺乏；婴儿胃肠壁薄，肌层发育差，胃肠动力弱；胃、胰的消化酶分泌量均少且活力低，并且易受天气炎热或各种疾病影响而被抑制。由于婴儿消化功能较差，而其营养需求量相对较大，故喂养不当则易发生消化功能紊乱或营养紊乱性疾病。

（四）呼吸系统

婴儿呼吸道黏膜柔嫩，血管丰富，管腔相对狭窄，易发生感染，且感染后易因局部充血水肿而致呼吸道阻塞。婴儿期生长发育快，代谢旺盛，需氧量大，而其呼吸系统发育不成熟，肺活量受解剖特点的限制，故呼吸表浅，频率较快（30～40次/分），呼吸肌发育差，以腹式呼吸为主；各项呼吸储备能力较低，气道阻力较大；故患呼吸系统疾病时易发生呼吸功能不全。

（五）循环系统

婴儿心脏呈横位，相对较大。婴儿心率、脉搏较快（110～130次/分），且易受进食、活动、哭闹、紧张和发热等因素影响而增加。一般体温升高1℃，心率、脉搏增加10～15次/分。婴儿血压较低，1岁时收缩压为70～80mmHg(10.67kPa)。

（六）血液系统

婴儿2～3个月时，出现“生理性贫血”，血中红细胞数降至3.0×10^{12}/L左右，血红蛋白降至100g/L左右。3个月后红细胞数和血红蛋白量又逐渐上升。婴儿期淋巴细胞比例高于中性粒细胞比例。

（七）泌尿系统

婴儿6个月后肾功能逐渐增强，一般在1～1.5岁时达成人水平。婴儿期由于新陈代谢较快，每日水的交换量较大，但膀胱容量小，故排尿次数较多，以后逐渐减少，1岁时排尿15～16次/天，每日尿量为400～500ml，婴儿期排尿由脊髓反射完成。

（八）免疫系统

婴儿特异性和非特异性免疫功能不成熟。6个月后来自母体的IgG几乎全部消失，而自身产生的IgG、IgM、IgA量不足，特异性免疫功能差；皮肤黏膜娇嫩，防御能力差；胃酸分泌少，杀菌力弱；淋巴过滤病原体作用差；补体杀菌溶菌、血脑屏障等非特异性免疫功能亦不成熟；所以婴儿易患感染性疾病和传染性疾病。母乳喂养的婴儿可通过乳汁获得分泌型IgA，增加呼吸道和消化道的免疫力，减少感染性疾病的发生。

考点：婴儿的生理特点。

二、婴儿的心理及行为特点

婴儿期小儿的感知与行为迅速发育，思维、意志、情感、想象等随着婴儿的发育而发展。

（一）婴儿的心理特点

1. 注意的发展　注意分有意注意和无意注意。婴儿期以无意注意为主，随着年龄的增长逐渐出现有意注意，但稳定性差，易分散和转移，3个月的婴儿开始能短暂地集中注意人脸和声音。

2. 记忆的发展 记忆可分为感觉、短暂记忆和长久记忆三个不同的系统。长久记忆又分为再认和重现。1岁以内婴儿只有再认而无重现，随着年龄的增长，重现能力亦增强。婴儿易记忆带有欢乐、恐惧、愤怒等情绪的事情，记忆的特点是时间短、内容少。

3. 思维的发展 婴儿的思维不能脱离人物和行动来主动思考，只能在宏观事物认识的基础上进行扩展和想象。思维具有具体性和形象性，如拿着玩具火车边推边说"火车来了"。

4. 情绪、情感的发展 婴儿情绪的特点为时间短、反应强、易冲动、变化快、外显而真实，2个月时积极情绪增多。

5. 个性与性格的发展 婴儿期的生理需要依赖成人，逐渐建立对亲人的依赖性和信赖感，性格尚未定型，意志开始萌芽。

（二）婴儿的语言、行为特点

考点：婴儿的行为特点。

随着婴儿一天天长大，其行为和语言迅速发育。例如，2个月后可注视物体，头颈竖直；3个月时头眼协调可追寻活动的人或玩具，咿呀发声；4～5个月开始认识母亲，看见食物表示喜悦，会翻身；5～7个月能辨别熟人和陌生人，能无意识发出"爸爸""妈妈"等复音，能独坐；8～9个月能听懂"再见"等词句，会爬，会扶栏杆站立；10～11个月能学会成人的简单动作，能独站片刻，能拇、示指对指拿东西；12个月能合作穿衣，能叫出"牙、灯、碗"等物品名称，可以独走，能弯腰拾东西。

第2节 婴儿期保健的内容和措施

案例8-2

男婴，6个月，体重7.5kg，身长65cm，下中切牙已萌出，会翻身，能独坐片刻，能听懂自己的名字。

问题：1. 该男婴发育是否正常？

2. 应该如何对他的父母进行保健指导？

一、婴儿期保健的目的和意义

1. 定期检查婴儿健康状况与成长检测，并给予评价，早期发现生长发育偏离并进行干预。

2. 提倡母乳喂养，按时预防接种，积极进行体格锻炼等，增强婴儿免疫力，降低婴儿发病率和死亡率。

3. 开展婴儿期保健指导，为婴儿提供良好的环境，保障和促进婴儿身心健康成长。

链接

育婴师

育婴师（raise the baby member）主要从事0～3岁婴儿照料、护理和教育工作。育婴教育是适应中国社会发展和需求应运而生的新兴职业，劳动和社会保障部根据社会发展需要，适时地制定育婴师《国家职业标准》、《培训教程》、《考试题库》到教学方法、课件平台、考试鉴定采用国家统一标准，并形成规范的培训鉴定认证体系，做到统一标准、统一培训、统一考试、统一质量。通过系统的专业培训，可以使准备就业、择业的人员获得国家执业资格证书；使已经在职人员充实知识、提高技能和综合素质，在日益规范、竞争、有序的劳动力市场中实现个人价值，实现育婴职业社会化、服务职业化，促进中国早期教育市场的发展。

二、保健内容和措施

（一）成长检测与评价

成长检测是连续纵向观察个体婴儿的生长趋势及心理发育信息。通过定期检查对婴儿健康状况、生长发育和保健服务的数据资料进行收集、整理、分析和评价，早期发现生长发育的偏差，采取相应措施进行干预。6 个月以内的婴儿每 1 ～ 2 个月检测一次，大于 6 个月的婴儿每 2 ～ 3 个月检测一次，高危儿、体弱儿适当增加检测次数。检测内容：①询问既往史和个人史、喂养情况、预防接种史、家庭环境与教育等。②体格发育测量及评价。③全身体格检查。④常见病的检查及可疑疾病的筛查。

（二）保健内容和措施

1. 日常护理

(1) 居室：婴儿居室应光线充足、通气良好，室温在 18 ～ 22℃，湿度 55% ～ 65%；避免对流风，寒冷季节婴儿穿脱衣服时要注意防止受凉；保持室内清洁卫生。

(2) 衣着：应为婴儿选择柔软、浅色、吸湿、透气性好的衣服，以无接缝、简单、宽大、便于穿脱的纯棉布为宜。婴儿穿着不易过厚，气温骤变时应适时增减衣物。尽量不穿开裆裤以预防泌尿系统感染；婴儿衣服要少用纽扣，禁用别针，多用带子系结，以免发生外伤或误食。

(3) 睡眠：婴儿睡眠时间随年龄增长而逐渐减少，婴儿睡觉前环境不需要过分安静，但光线要柔和。睡觉前应沐浴、如厕，避免过度兴奋，取舒适的睡眠姿势，不拍、不抱、不摇晃、不吸吮乳头，养成自然入睡的习惯。

2. 合理喂养

6 个月以内的婴儿宜采用纯母乳喂养，人工喂养最好选择婴儿配方乳。指导家长从 6 个月开始遵循“由一种到多种，由少到多，由细到粗，由稀到稠”的原则逐渐进行食物转换（也称辅食添加），应在婴儿健康、消化功能正常时添加。如 6 个月添加米粉、菜泥、水果泥等食物，7 ～ 9 个月添加粥、肉末、菜末、蛋、鱼泥等食物，10 ～ 12 个月添加软饭、碎肉、带馅食品等食物。及时添加辅食可以保证婴儿生长发育的营养需要并为断乳做准备。

> **考点：** 辅食添加的时间和顺序。

3. 体格锻炼

(1) 空气浴：是利用气温与体温的差异作为刺激因子锻炼身体，提高机体对气温变化的适应能力。婴儿可从 2 ～ 3 个月开始进行空气浴，气温不低于 15℃，一般以在饭后 1 ～ 1.5 小时为宜，每日 1 ～ 2 次，每次持续时间为 2 ～ 3 分钟，以后渐增加至 2 ～ 3 小时（夏天）。身体虚弱或患病时应慎重。

(2) 日光浴：是利用日光的照射来进行锻炼的一种方法（图 8-1）。通过日光中紫外线照射，可合成内源性维生素 D，预防维生素 D 缺乏性佝偻病；日光中的红外线可扩张皮肤血管，增加血液循环。日光浴不宜空腹进行，夏秋季节可在透过阳光的树荫或荫凉处活动，避免阳光直射，宜在上午 10 时前或在下午 4 时以后进行；冬春季节可在中午前后进行，注意避风，刚开始进行日光浴的婴儿每次照射时间为 10 ～ 15 分钟，以后逐渐延长时间到 1 ～ 2 小时。

(3) 水浴：是利用水和水的温度对皮肤的刺激来进行锻炼的一种方法。方法有温水浴、冷水洗手、洗脸、洗脚、擦浴、淋浴、游泳等。婴儿游泳（图 8-2）是婴儿在专用安全保护措施下，由经过专门培训的人员操作和看护的一项特定的水中早期保健活动，出生当天即可进行。婴儿坚持游泳锻炼可以增进心肺功能、促进消化吸收、提高睡眠质量。

图 8-1　日光浴

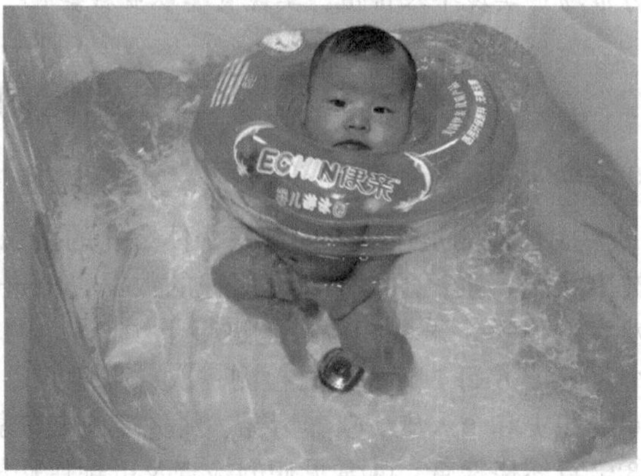

图 8-2　婴儿游泳

(4) 体育运动：包括婴儿主动操和婴儿被动操。2 ～ 6 个月婴儿在家长帮助下进行婴儿被动操，包括四肢运动、头颈部运动、腹部运动和跳跃运动，每日 1 ～ 2 次，给婴儿做被动操时，注意动作要柔和、轻缓。婴儿主动操适用于 6 ～ 12 个月的婴儿，每日 1 ～ 2 次，包括训练双手取物、坐、爬、仰卧起身、扶站、扶走、举手、抬头、弯腰和下蹲等。

图 8-3　婴儿感统课

4. 早期教育　早期教育的内容是通过各种日常活动对小儿进行语言、运动、感知觉、认识和适应能力的培养；注重培养小儿良好的生活习惯的独立生活能力；培养小儿初步的道德行为和道德判断；培养小儿良好的情绪、性格及人际交往能力等（图 8-3 ～图 8-5）。

图 8-4　27 ～ 30 个月小儿感统课

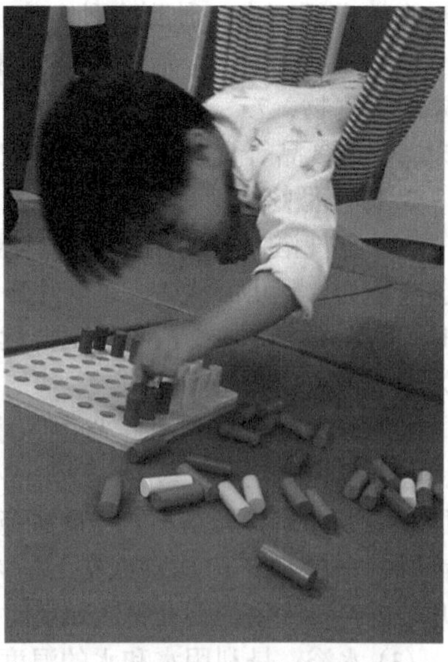

图 8-5　27 ～ 30 个月小儿感统训练

婴儿期是认知过程发展的关键阶段，婴儿期的早期教育以感知和运动训练为主，及早进行语言训练。婴儿早期教育分为 0 ～ 6 个月早教（表 8-1）和 6 ～ 12 个月早教（表 8-2）。

表 8-1　0 ～ 6 个月早教内容

语言教育	处于声音探索学习期： ◎寻声练习：对声音的敏锐反应 ◎ 4 ～ 6 个月：对声音的探索
认知能力	处于视觉发展学习期： ◎视觉追踪练习 ◎色觉开发 ◎温度探索 ◎观察自己的手 ◎观察人脸 ◎通过视觉探索收集环境中的信息 ◎视觉聚焦训练
精细动作	处于嘴巴探索敏感期： ◎对物兴趣培养：用手击打、触摸；用嘴吮吸、啃咬 ◎五指抓握 ◎手指分化
运动体能	处于身体肌肉控制学习期： ◎头部控制练习 ◎翻身练习 ◎瑜伽双臂操 ◎抚触操 ◎蹬踏反射 ◎腿部体操 ◎蹬踏运动
社会行为	处于看护人关系建立期： ◎用哭与大人交流 ◎同任何人进行交流 ◎社会性微笑 ◎与妈妈的亲密行为 ◎对看护人的偏爱

表 8-2　6 ～ 12 个月早教内容

语言教育	处于语言理解与发音练习初期： ◎发音游戏 ◎与看护人交流 ◎常用词语练习，认知 50 个以上词汇 ◎短语理解练习
认知能力	处于各大感觉器官发展敏感期： ◎视觉兴趣的培养 ◎观察细小物体，关注细节差异 ◎色彩探索 ◎左右脑训练 ◎触觉练习 ◎味觉练习 ◎嗅觉练习
精细动作	处于手眼协调与熟练运动双手训练期： ◎敲打玩具 ◎触摸物体 ◎伸手抓物 ◎三指捏物 ◎移动物体 ◎掉落物品 ◎扔物品 ◎乐器打击 ◎放手练习 ◎扭转练习 ◎撕纸练习 ◎左手换右手 ◎翻书
运动体能	从爬行到走路的运动关键期： ◎稳坐练习 ◎爬行拓展 ◎攀爬 15 ～ 30cm 高的物体 ◎爬下阶梯 ◎巡行（扶着支撑物行走）◎独立行走练习
社会行为	进入自我防范与陌生人警惕期： ◎向大人寻求帮助 ◎与父母的各种游戏，增进亲子感情 ◎结识小伙伴 ◎参与社交，淡化对陌生人的警惕

(1) 发展感知觉：婴儿感知觉是在社会生活实践中，通过成人的培养发展起来的。为了促进婴儿感知觉的发展，从新生儿起就要让其能看到颜色鲜艳、多种颜色、多种开关的实物和玩具；听到悦耳的声音，包括音乐、乐器声和说话的声音。多给婴儿创造听、看的机会进行视听觉训练，通过声音、形状、颜色的刺激训练孩子的视听功能。视听觉是婴儿接受外界知识的主要渠道，视听功能提高了，婴儿认识世界的能力也就提高了。

触摸知觉也很重要，触觉信息不断地传递到大脑，使大脑的反应灵活。训练手的功能是直接训练神经系统的主要措施。平时可用颜色鲜艳的玩具逗引婴儿不断地触摸，在不断触摸的过程中，既锻炼了婴儿手的功能，又训练大脑反应的灵活性。

早期教育结合婴儿的生活实际，让婴儿运用多种感觉器官协同活动，看、摸、嗅、尝、听，使婴儿对日常生活中接触到的东西能形成比较完整的知觉表象，积累丰富的感性经验，发展感知觉。

(2) 发展动作：动作发育是小儿神经心理发育的重要体现，基于神经系统的日益成熟，动作是在大脑的直接参与和控制下发展的，动作本身又能促进小儿的神经心理发育，动作分为大动作和精细动作。①大动作：指人体姿势和全身活动，如俯卧、抬头、翻身、坐、爬、站、走等，这些动作按一定的时间顺序出现，0～3个月可训练婴儿俯卧、抬头、撑胸的动作；3～6个月训练拉坐时主动抬头、翻身；8个月训练爬行；10个月练习扶栏横走；12个月学习独自行走。②精细动作：细动作指婴儿手和手眼协调操作物体的能力。可通过抓握玩具，为其发展创造条件。3个月可用玩具带引婴儿伸手；4～5个月让婴儿练习抓握胸前的玩具，抓握方式为全掌抓握；6～10个月练习用手指捏取小物体。

(3) 语言训练：语言能力是婴儿智力发展的重要标志，语言的发展与其他心理过程的发展紧密联系并互相影响。为了促进婴儿语言的发展，成人要及早开始与婴儿对话，使其学习发音和理解语言从而能进行语言交流，多与婴儿说话交流可促进语言的表达；另外，要丰富婴儿的生活实践，为掌握语言准备丰富的感性基础；还要采用适合婴儿特点的方式、方法，促进其语言的进一步发展。适合婴儿的语言刺激有儿歌和小故事等。

(4) 发展社会交往能力：婴儿社会交往主要是亲子交往和同伴交往。亲子交往是指小儿与抚养人之间的交往。特别是母亲，要多与婴儿交流，如用眼神温柔地凝视婴儿、逗婴儿笑、亲吻婴儿等。早期亲子交往为婴儿提供了安全、丰富的刺激，父母的抚摸、亲切的语言使婴儿感到温暖，使其与成人建立良好的感情，为其认识周围世界、发展认知能力创造有利条件。父母要教婴儿与同伴交往，同伴交往多是围绕玩具而发生的，玩具为婴儿同伴交往提供了多种形式的交往方式，如给、拿、合作、争夺等。

(5) 培养良好的习惯：①饮食习惯：2～3个月的婴儿逐渐形成一定的进食规律，3～4个月后逐渐停止夜间喂奶，4～6个月开始添加辅食，适应多种食物味道，训练用小勺喂食，7～8个月开始练习用杯喝水和奶，促进吞咽和口腔协调，10个月左右训练独立坐位进食；注意饮食卫生，定时、定量进食，不挑食、不偏食、不吃零食；进食时保持婴儿心情愉快，专心吃饭，不玩耍，不要对婴儿进行惩罚和强迫进食。②卫生习惯：睡觉前洗脸、洗手、洗脚、清洗臀部，晨起要洗脸、洗手，勤洗澡、勤换衣，定期剪指甲，饭前便后洗手，不咬指甲和玩具，不乱扔果皮和纸屑，不随地大、小便。③大小便习惯：2～3个月开始训练婴儿定时大、小便，用一定姿势和声音形成条件反射；9～12个月开始训练坐盆大、小便，坐盆时不吃东西，时间为3～5分钟；夜间要有规律地唤醒排尿，避免尿床。

5. 防止意外发生 婴儿缺乏生活经验，又爱活动，且好奇心强，如果成人疏于看护就容易发生意外。婴儿玩具不应带刺、带尖或过小，如纽扣、玻璃球、硬币等，以防婴儿纳入口鼻内，发生异物吸入和窒息。房间摆设要简单，床铺软硬适宜并加床栏，以免坠床跌伤。电源插座、暖水瓶、剪刀、水果刀、玻璃器皿等危险物品要放在安全的地方，防止婴儿触碰。

（三）计划免疫

考点：婴儿计划免疫的程序。

婴儿期必须完成卡介苗、脊髓灰质炎疫苗、百白破混合疫苗、麻疹疫苗、乙肝疫苗等“五苗”的基础免疫，通过接种“五苗”来预防“七病”（表8-3）。

表 8-3　婴儿计划免疫的程序

月龄	需要接种疫苗
新生儿	乙肝疫苗（第一针）
	卡介苗（初种）
1 个月	乙肝疫苗（第二针）
2 个月	脊髓灰质炎疫苗（第一次）
3 个月	脊髓灰质炎疫苗（第二次）、百白破三联疫苗（第一次）
4 个月	脊髓灰质炎疫苗（第三次）、百白破三联疫苗（第二次）
5 个月	百白破三联疫苗（第三次）
6 个月	乙肝疫苗（第三针）
8 个月	麻疹疫苗（初种）

注：我国于 2016 年 5 月 1 日实施新的脊髓灰质炎疫苗策略，停用三价脊灰减毒活疫苗（tOPV），用二价脊灰减毒活疫苗（bOPV）代替三价脊灰减毒活疫苗。

资格考链接

基础免疫不包括

A. 卡介苗　　B. 麻疹疫苗　　C. 乙脑疫苗

D. 脊髓灰质炎疫苗　　E. 百白破三联制剂

分析：基础免疫包括卡介苗、脊髓灰质炎疫苗、百白破混合疫苗、麻疹疫苗、乙肝疫苗等“五苗”，故选 C。

（四）婴儿期常见症状与疾病的预防保健和护理

1. 哭闹　婴儿哭闹可能是一种正常现象，有时也是患病的表现，哭是婴儿表达自己需要的一种方式。一般有以下几种原因：

(1) 饥饿时哭闹：饥饿是新生儿哭闹最常见的原因。哭声短而有力，有节奏。

护理：及时喂奶。

(2) 撒娇时哭闹：哭声比较高，因为他们哭闹的主要目的是为了引起大人的注意，所以这种情况下的哭泣大多不会流出眼泪。

护理：抱起婴儿。

(3) 生气时哭闹：比撒娇时哭声更高，而且尖锐、刺耳。

护理：适度地安抚及触摸，可有效地稳定婴儿的情绪。

(4) 欲睡时哭闹：哼哼唧唧地哭，声音比较低，有规律，比较缠绵，会用手揉鼻子和眼睛。

护理：轻拍或哼歌，哄婴儿入睡。

(5) 尿布湿时哭闹：常在吃奶后或睡醒后，哭声长短不一，高低不均，没有规律，常常边哭边活动小屁股。

护理：更换清洁尿布。

(6) 生病时哭闹：哭闹剧烈、时间长、哭声尖或特别低沉，哭闹常与某些症状或体征同时出现，如摇头、敲头、抓挠、流涎、屈体等。

护理：去医院做进一步的检查。

2. 维生素D缺乏性佝偻病 紫外线照射不足是维生素D缺乏的主要原因，此外还有围生期维生素D摄入不足、生长过速、肝肾和胃肠疾病及药物影响等。主要表现为神经、精神症状（易激惹、夜惊、多汗等），骨骼改变及肌张力减低等。

预防和保健：①鼓励孕妇及婴儿多进行户外活动和多晒太阳。②合理喂养，加强体格锻炼。③生后2周开始补充鱼肝油制剂，合理添加辅食。④积极防治胃肠、肝肾疾病。

3. 腹泻 病因分为感染性和非感染性两类，感染性腹泻多由病毒、细菌等病原体引起；非感染性腹泻可由气候骤变、饮食不当、食物过敏等所致。婴儿消化系统发育未成熟，免疫力低，易患腹泻。主要表现为大便次数增多和大便性状改变。

预防和保健：①注意饮食卫生。②指导合理喂养。③避免滥用抗生素。④气候骤变时防止婴儿受凉或过热。⑤加强体格锻炼，积极防治营养性疾病。

4. 缺铁性贫血 先天储铁不足、铁摄入不足、生长发育快、铁丢失过多、铁吸收障碍等原因都能引起缺铁性贫血，其中铁摄入不足是主要原因。主要表现为唇、口腔黏膜和甲床苍白，食欲减退，易疲乏、无力，不爱活动，烦躁不安，体重不增等。

预防和保健：①增加妊娠期和哺乳期铁摄入量。②指导合理安排婴儿饮食，提倡母乳喂养，及时添加辅食。③积极治疗感染性疾病。④早产儿和低出生体重儿宜自2个月起给予铁剂预防。

5. 肺炎 感染性肺炎多见，指病原体侵入肺部而引起的感染。由于婴儿呼吸系统发育不完善、免疫功能差，在居室拥挤、通风不良、空气污浊、冷暖失调等诱因的作用下更易发生。主要表现为发热、咳嗽、气促、呼吸困难和肺部固定湿啰音。

考点：婴儿期常见症状与疾病的预防保健和护理。

预防和保健：①加强营养，增强体质。②定时开窗通风，保持室内空气流通。③积极开展户外运动，进行体格锻炼。④积极防治营养性疾病和传染性疾病。⑤按时预防接种，增强机体免疫力。

小结

婴儿期生长发育迅速，营养需求量大，消化和免疫功能尚未成熟，易患消化功能紊乱、营养失调、感染性疾病和传染性疾病；易发生意外伤害。此期的保健要点包括：①成长检测与评价。②日常护理。③合理喂养。④体格锻炼。⑤早期教育。⑥防止意外。⑦计划免疫。⑧常见症状及疾病的预防保健和护理。做好婴儿期保健可促进婴儿身心健康发展，降低婴儿期的发病率和死亡率。

（王瑞珍　茹健萍）

自测题

A_1 型题

1. 生长发育第一次高峰发生于
   A. 新生儿期　B. 婴儿期
   C. 学龄期　D. 幼儿期
   E. 青春期

2. 婴儿会翻身，能发“爸爸”“妈妈”等复音，但无意识，能听懂自己名字，判断该婴儿的年龄为
   A. 4个月　B. 5个月
   C. 6个月　D. 7个月

E. 1 岁

3. 鱼肝油开始添加的时间是

A. 2 周～ 3 个月　　B. 4 ～ 6 个月

C. 7 ～ 9 个月　　D. 10 ～ 12 个月

E. 1 岁以后

4. 婴儿期正常呼吸频率是

A. 40 ～ 45 次 / 分　　B. 30 ～ 40 次 / 分

C. 25 ～ 30 次 / 分　　D. 18 ～ 20 次 / 分

E. 20 ～ 25 次 / 分

5. 婴儿肺炎的主要表现应除外

A. 发热　　B. 肺部易变湿啰音

C. 咳嗽　　D. 气促

E. 咳痰

6. 麻疹疫苗初种的年龄是

A. 1 个月　　B. 5 个月

C. 6 个月　　D. 7 个月

E. 8 个月

7. 婴儿期指的是

A. 从出生后至满 1 周岁之前

B. 从出生后 28 天至满 1 周岁之前

C. 从出生后 1 个月至 1 周岁之前

D. 从 1 岁至 2 周岁之前

E. 从 1 岁至 3 周岁之前

8. 脊髓灰质炎初种的月龄应自什么时候开始

A. 1 个月　　B. 2 个月

C. 3 个月　　D. 4 个月

E. 5 个月

9. 百白破的初种年龄应自什么时候开始

A. 2 个月　　B. 3 个月

C. 4 个月　　D. 5 个月

E. 6 个月

10. 可以通过胎盘的免疫球蛋白是

A. IgM　　B. IgA

C. IgE　　D. IgG

E. IgD

11. 以下哪项不是婴儿期保健重点

A. 早期教育　　B. 预防接种

C. 合理喂养　　D. 保护视力

E. 预防龋齿

12. 护理 3 个月婴儿最适宜的锻炼方式是

A. 广播操　　B. 竹竿操

C. 模仿操　　D. 主动操

E. 被动操

13. 维生素 D 缺乏性佝偻病最主要病因是

A. 肝肾疾病、胃肠疾病　B. 摄入不足

C. 日光照射不足　　D. 生长过速

E. 药物影响

A_2 型题

14. 患儿，10 个月。易激惹，夜间常哭闹、多汗、睡眠不安，方颅、肋骨串珠。下列护理措施错误的是

A. 指导辅食添加

B. 护理操作轻柔以防骨折

C. 多抱患儿到户外晒太阳

D. 添加含维生素 D 的食物

E. 提倡多进行站、立锻炼

15. 女孩，5 个月，开始添加辅助食品，妈妈到儿童保健门诊咨询予以指导，以下哪一项添加辅食的原则是错误的

A. 从少到多　　B. 由稀到稠

C. 从细到粗　　D. 可以同时添加两种

E. 在婴儿健康状况良好时添加

16. 婴儿，4 个月，感知能力的训练应除外

A. 玩水、沙土和橡皮泥等

B. 家人经常面对婴儿说话、唱歌

C. 每日播放一些优美的音乐

D. 选择颜色鲜艳的发声玩具

E. 用手摇铃鼓逗引婴儿注意

A_3/A_4 型题

（17 ～ 18 题共用题干）

女婴莉莉，足月顺产，母乳喂养，按程序预防接种，现生后 6 个月。

17. 现应添加以下哪一种辅食

A. 软饭　　B. 稠粥

C. 蛋　　D. 水果泥

E. 肉末

18. 莉莉接种第二次百白破疫苗后，出现低热，下列处理正确的是

A. 乙醇擦浴　　B. 服用退热剂

C. 多饮水，密切观察　　D. 口服抗生素

E. 立即输液

实训指导

实训1 妊娠期保健指导

【案例设计】

某女士，28岁，已婚，G_1P_0。平素月经规律，停经15天，近期食欲缺乏、恶心，第一次到医院检查，经检查诊断“早孕”。

讨论：

(1) 如何对该孕妇适时进行妊娠早、中、晚期的保健指导？

(2) 妊娠早期能做保健操吗？若可以做保健操，你将如何指导该孕妇？

(3) 该孕妇进入妊娠中期时该如何指导其进行胎教和做保健操？

【实训目的】

1. 学会妊娠期保健指导方法。
2. 熟练掌握妊娠期保健操的动作要领，并能指导孕妇做操。
3. 学会胎教的方法，并能指导孕妇进行胎教。
4. 培养学生与孕妇沟通的能力、和蔼的服务态度和良好的职业道德。

【时间安排】

2学时。

【实训地点】

妇产科实训室，条件许可时可到综合医院、妇产医院、妇幼保健院或社区卫生服务中心（站）妇幼保健门诊。

【实训准备】

1. 妊娠期保健视频及多媒体设备。
2. 检查床、椅子（做妊娠期保健操用）。
3. 孕妇模型（模拟胎教用）。
4. 胎教音乐光盘。
5. 条件许可的联系好综合医院、妇产医院、妇幼保健院或社区卫生服务中心（站）妇幼保健门诊见习。

【实训内容和步骤】

1. 观看分娩期保健视频 课前布置思考题，让学生带着问题观看视频，观看完后进行讨论。

(1) 妊娠早、中、晚期检查与监测的内容有何异同？

(2) 如何对妊娠不同时期的妇女进行生活与卫生保健指导？

(3) 应如何调适妊娠不同时期妇女的心理？

2. 妊娠期保健操训练指导 教师示教妊娠期保健操动作要领和指导方法，然后学生2

人为一组，分别扮演指导者和被指导者，练习妊娠期保健操的动作和指导方法。条件许可的可到综合医院、妇产医院、妇幼保健院或社区卫生服务中心（站）妇幼保健门诊见习。

妊娠早期保健操

(1) 第 1 节：坐。选择一张靠背的椅子，坐之前，把两脚并拢，将左脚向后挪一点，然后轻轻地坐在椅子中间。坐稳后，再向后挪动臀部把后背靠在椅子上，深呼吸，使脊背伸展放松。

(2) 第 2 节：运动脚部。①坐在椅子上或床边，腿和地面呈垂直状，两腿并拢平放在地面。②脚尖使劲向上翘，待呼吸一次后，再次恢复原状。③将一条腿放在另一条腿上，上面的腿、脚尖慢慢地上下活动，然后换腿进行。④每次 3 ～ 5 分钟。

(3) 第 3 节：床上运动。①自然地坐在床上，两腿前伸成“V”字形，双手放在膝盖上，上身右转，保持两腿伸直，足趾向上，腰部要直，目视右脚，慢慢从 1 数至 10，然后换左边后恢复原来的正面姿势。②仰卧在床上，膝部放松，双腿平放于床面，两手放在身旁，然后将右膝抱起，使之向胸部靠拢，然后换左腿。③仰卧在床上，双膝屈起，手臂放在身旁，侧身滚向左边，用左臀着床，头向右看，恢复原来姿势。然后滚向右边，以右臀着床，头向左看，反复做几次，以活动颈部和腰部。④跪于床上，双手双膝平均承担体重，背部挺直，使头与脊柱成一直线，慢慢将右膝抬起靠近胸部，然后抬头，右腿向后伸直，换左腿进行。

妊娠中、晚期保健操

可对照第 3 章图示（见图 3-4）。

(1) 第 1 节：盘腿运动。晨起和晚上临睡前盘腿坐在床上，集中精神，背部挺直，两手放在双膝上，用手腕力量向下推压双膝，并逐渐加力，让双膝尽量贴近床面。每呼吸一次按压一下，每次反复进行 2 ～ 3 分钟。可增强背部肌张力，松弛腰部及骨盆关节，伸展骨盆肌肉。

(2) 第 2 节：骨盆运动。仰卧、双腿屈膝，双臂伸直置于身体两侧，脚底和手心平放在床上，利用双脚、双臂的力量缓缓抬高臀、腰部，使腰背向上呈反弓状，持续 10 秒左右，再缓慢下落复原，休息 10 秒后再重复上述动作。早晚各做 5 ～ 10 次。骨盆运动除松弛骨盆和腰部关节外，可使会阴肌肉柔软，强健下腹肌肉，也可减轻妊娠期腰酸背痛。

(3) 第 3 节：腹肌运动。仰卧，两臂伸直置于身体两侧。两腿交替屈膝、伸展，左右腿各反复 10 次。随后双腿屈膝，两小腿交替上抬，放下，各反复 10 次。腹肌运动可增强腹部和下肢的肌肉张力。

(4) 第 4 节：骨盆扭转运动。仰卧，两臂伸直置于身体两侧，左腿伸直，右腿屈膝并慢慢外展放平，贴近床面后再恢复原位，左右交替进行。左右腿各做 10 次，然后双腿屈膝并拢，左右缓慢摇摆至床面 10 次，慢慢放松。骨盆扭转运动可增强骨盆关节、腰部柔韧度和力量。

(5) 第 5 节：振动骨盆运动。跪姿，两手掌和膝部支撑床面并稍分开；吸气时头尽量垂向两臂中间，拱起背部呈弓状；呼气时抬头，恢复跪姿；再吸气仰头，腰部向前挺伸，上身抬起向前伸出，使腰背呈反弓状；接着边呼气边后撤身体，直至趴下。上述动作重复 10 次。振动骨盆运动可以缓解腰痛，增强腹部肌张力。晚期妊娠妇女不适宜做此节。

注意事项：孕妇依自身的身体状况，在医生指导下进行运动，注意循序渐进，持之以恒，每天做大约 20 分钟的妊娠期保健操；避免在用餐后或空腹饥饿时做操；做仰卧式运动时，避免立刻起身，以免发生直立性低血压；做完操后可采取左侧卧位，以增进胎盘血流灌注，并避免发生仰卧位低血压综合征。

3. 胎教方法指导练习 教师边示教边讲解胎教方法、操作要领和指导方法。学生以 4 ～ 6

人为一组，听胎教音乐，体会音乐的意境并有意识地进行联想。利用孕妇模型，练习抚摸胎教及指导方法。条件许可时到综合医院、妇产医院、妇幼保健院或社区卫生服务中心（站）妇幼保健门诊见习，见习孕妇胎教。胎教的方法：

(1) 音乐胎教：播放优美、舒缓、抒情的音乐，用心领略音乐的意境，有意识地产生联想。

(2) 语言胎教：通过轻声唱歌、深情的朗诵、与胎儿对话、讲故事等，使胎儿接受语言的信息。

(3) 抚摸胎教：在孕 6 个月以后，晚上胎动较频繁时进行。孕妇或丈夫将手轻放在孕妇腹壁的胎儿部位，轻柔触摸胎儿，使胎儿感受并做出反应。每次持续 5 ～ 10 分钟，每天 1 次。抚摸胎教可以促进胎儿的运动神经发育。

【注意事项】

1. 学生要带着问题观看妊娠期保健视频，边看视频边思考，以巩固理论课内容并为实训课奠定基础。

2. 要求学生遵守实训课教学纪律，认真观看教师示教，积极参加妊娠期保健操训练指导和胎教指导练习。

3. 参加临床见习时，要遵守综合医院、妇产医院、妇幼保健院或社区卫生服务中心（站）妇幼保健门诊的规章制度，要服从安排，并要关心、理解和体贴孕妇。

4. 学生要认真完成妊娠期保健操指导和胎教指导实训报告，通过实训报告的书写，巩固实训课学习内容。

【实训评价】

评价方式为自评、他评、师评。评价内容如下：

1. 是否明确实训目的，并能准确描述。

2. 实训准备是否完整，孕妇是否已经完成准备工作。

3. 在保健操指导过程中是否对孕妇具备人文关怀，富于同情和爱心。

4. 实训过程中孕妇是否配合指导者做妊娠期保健操。

5. 做保健操前是否将注意事项告知孕妇。

【实训作业】

妊娠期保健操训练指导和胎教方法指导练习实训报告、妊娠期保健操练习。

（黄爱松）

实训 2　分娩期保健指导

【案例设计】

某女士，26 岁，第一胎，妊娠 39^{+3} 周住院待产。产妇诉疼痛难忍。查宫口开大 2cm，宫缩持续时间 30 ～ 40 秒，间歇 3 ～ 4 分钟，胎膜未破，头先露，先露 S^{-3}，胎心 142 次 / 分，宫缩时产妇呻吟，要求用镇痛药减轻疼痛。

讨论：

(1) 如何对该产妇进行分娩期保健指导？

(2) 是马上给该产妇用药物分娩镇痛，还是先进行非药物性分娩镇痛？

(3) 如果用非药物性分娩镇痛方法给该产妇进行分娩镇痛，你如何指导该产妇应用？

【实训目的】

1. 学会分娩期保健指导方法。

2. 熟练掌握非药物性分娩镇痛的方法并能指导产妇应用。

3. 培养学生人性化的产时服务理念，能对产妇实行人文关怀和帮助。

【时间安排】

2学时。

【实训地点】

妇产科实训室，条件许可时可到综合医院、妇产医院或妇幼保健院的候产室。

【实训准备】

1. 分娩期保健视频及多媒体设备。

2. 分娩机转自动模型。

3. 条件许可的联系好综合医院、妇产医院或妇幼保健院的候产室见习。

【实训内容和步骤】

1. 观看分娩期保健视频 课前布置思考题，让学生带着问题观看视频，观看完后进行讨论。

(1) 正常分娩各产程检查与监测的内容有何异同？

(2) 不同产程中如何对产妇进行产程指导？

(3) 应如何调适不同产程产妇的心理？

2. 非药物性分娩镇痛的方法训练指导 教师先在模型或学生身上示范非药物性分娩镇痛的方法，然后学生2人为一组，分别扮演指导者和被指导者，练习非药物性分娩镇痛的方法。条件许可的可到综合医院、妇产医院或妇幼保健院的候产室见习。

(1) 呼吸镇痛法：是指产妇根据宫缩强度，调整呼吸频率和节律，达到减轻分娩疼痛的方法。

具体方法：①产妇选择舒适的体位。②宫缩开始时，指导产妇用鼻深吸气，然后经口慢慢呼气，全身放松，可在呼气结尾发出呻吟样的声音。呼吸频率为正常呼吸的1/2。③宫缩高峰时，指导产妇随宫缩的加强微张口，采用胸式浅表呼吸，加快呼吸频率可达到正常的2倍。④宫缩高峰过后，再进行宫缩开始时的深吸气，慢慢呼气，直至宫缩完成，全身充分放松。

注意事项：①呼吸镇痛法用于第一产程。②为了使产妇在分娩过程中能更好地掌握和运用呼吸镇痛，可在妊娠晚期或进入产程后宫缩不强时，指导产妇反复练习。③指导产妇在调整呼吸的同时，转移注意力，如呼吸时集中注意力想象吸进来的是能量，呼出去的是紧张；或哼唱喜欢的音乐、歌曲、听陪伴者说话、集中精力数数等。

(2) 按摩镇痛法：通过按摩缓解分娩疲劳和减轻宫缩引起的疼痛。

具体方法：产妇取半卧位，从头部开始，从上到下做全身按摩。①头颈部按摩：站在产妇头端，两手拇指以环形动作按摩前额、太阳穴、下颌，然后按摩颈部、颈椎。②肩及上臂按摩：分别站在产妇身体两侧，用手按摩肩部，双手环绕手臂，边按压边下滑，直到手指。③乳房按摩：站在产妇右侧，双手平铺，按摩乳房及周围，并从乳房到颈根部来回按摩。④腹部按摩：站在产妇右侧，将两手掌置于产妇腹部两侧，四指并拢，以脐部为中心，产妇吸气时两手由腹部两侧向中心按摩，呼气时两手由中心向腹部两侧按摩，如此反复进行，参照图示（见图4-2）。⑤下肢按摩：稍用力搓揉大腿和小腿，按摩双足和脚趾。

注意事项：按摩时力量适中，以产妇感觉舒适为宜。

(3) 压迫止痛法：通过压迫或按压可以减轻胎头下降压迫骨盆引起的腰骶部疼痛。

具体方法：产妇取坐位或半卧位，疼痛开始时（宫缩时），产妇深吸气后操作者双手握拳分别压迫产妇的腰骶部，参照第4章图示（见图4-3），或操作者用拇指分别按压髂前上棘或耻骨联合处止痛。

注意事项：按压时力量适中，以产妇感觉舒适为宜。

⑷ 体位与运动镇痛法：产妇在分娩过程中选择舒适的体位，进行有目的的运动，可以消除紧张和恐惧，放松肌肉，减轻疼痛。

具体方法：①站立运动：产妇扶墙壁、床头、座椅靠背等站立，双脚自然分开，慢慢摇动腰部和骨盆；或斜靠在陪伴者身上，宫缩时陪伴者从背后为产妇做腰骶部按压；或头靠在陪伴者肩部或胸前，陪伴者双手环腰抱住产妇，随着音乐节奏慢慢舞动身体。产妇可在室内缓慢行走，或单脚站立，另一只脚放在椅子上，屈膝外展，对侧手叉腰，陪伴者协助好产妇保持身体平衡和固定椅子。通过站立时重力的作用，促使胎头下降和产程进展，减轻产妇分娩疼痛。腰部和骨盆关节运动，利于胎儿下降、胎体旋转。播放舒缓、优美的音乐，可使产妇感觉舒适。丈夫或导乐陪伴能增加产妇的幸福感和安全感。陪伴者给产妇腰骶部按压可减轻胎头下降压迫骨盆引起的疼痛。②蹲位和半蹲位：产妇背靠在陪伴者身上，呈蹲位或半蹲位，陪伴者两手分开穿过产妇的腋下至胸前相互交叉，承担产妇身体的重量，使产妇的躯干伸展，骨盆关节活动自由，骨盆出口扩张，利于胎儿下降和转动，缓解腰部疼痛。③端坐或半卧位：产妇自然端坐位或半卧位，利用重力作用促进产程进展，方便产妇全身放松和休息，减轻分娩疼痛。④膝胸卧位：利于骨盆活动，减轻胎头压迫引起的宫颈水肿，利于枕后位胎儿旋转胎位，减轻腰痛。

注意事项：①选择体位以产妇感觉舒适为主。②如有胎位异常、胎头高浮、胎膜早破、胎儿窘迫等异常情况应酌情选择体位，防止脐带脱垂、羊水流出过多、脐带受压等。③运动量要适度、动作要缓慢。④运动时全程要有陪伴者，最好是丈夫和导乐。

⑸ 热水浴和热敷镇痛：有条件的选择水中分娩，水中分娩可加速产程。室内温度为26℃，产妇躺在经过消毒并有恒温设施的特殊浴缸中，水温保持在 36 ～ 38℃，温水可使产妇身心放松，水的浮力可缓解身体关节承受的压力。没有条件水中分娩者可用热水淋浴，热水淋洒可以按摩身体，减轻分娩疼痛，或用毛巾湿热敷腰背部以缓解疼痛。

注意事项：产妇热水浴时必须有陪伴者，水温不能太高，盆浴水应洁净，宜在医院内进行。热水浴期间多喝水。

⑹ 音乐镇痛：选择产妇喜欢的优美、柔和、动听、舒缓的音乐，使产妇放松，分散注意力，缓解焦虑，减轻疼痛。音乐镇痛可与其他非药物性分娩镇痛方法配合使用。

【注意事项】

1. 学生要带着思考题认真观看分娩期保健视频，边看视频边思考，以巩固理论课内容并为实训课奠定基础。

2. 要求学生遵守实训教学纪律，认真观看教师示教，积极参加非药物性分娩镇痛方法的实训练习。

3. 参加临床见习时，要遵守综合医院、妇产医院和妇幼保健院的规章制度，要服从安排，并要关心、理解和体贴产妇。

4. 学生要认真完成非药物性分娩镇痛的方法训练指导实训报告，通过实训报告的书写，巩固实训课的学习内容。

【实训评价】

评价方式为自评、他评、师评。评价内容如下：

1. 是否明确实训目的，并能准确描述。

2. 实训准备是否准备完整，产妇是否已经完成准备工作。

3. 在非药物性分娩镇痛的方法训练指导过程中是否对产妇具备人文关怀，富于同情和爱心。

4. 实训过程中产妇是否配合指导者做非药物性分娩镇痛。

5. 做非药物性分娩镇痛前是否将注意事项告知产妇及其陪伴者。

【实训作业】

非药物性分娩镇痛的方法训练指导实训报告、非药物性分娩镇痛的方法练习。

（陆　雯）

实训3　产褥期、哺乳期保健指导

一、产褥期保健指导

【案例设计】

李女士，29岁，初产妇，顺产后第14天。产后访视时其家人诉产妇经常唠叨产后身材走样了，早知道不生育孩子；听说断乳后身材会很快恢复正常，甚至不想母乳喂养，想改人工喂养。家人叫产妇遵医嘱做产后保健操，产妇又说太累了，不想做，而且已经忘记怎么做产后保健操了，余无不适。查体：生命征正常，微胖体形，腹壁松弛，泌乳正常，恶露正常，耻骨联合上未触及宫底。

讨论：

(1) 如何对该产妇进行产褥期的保健指导？

(2) 如何指导该产妇做产后保健操？

(3) 针对该产妇的情况，应如何对其进行心理调适？

【实训目的】

1. 学会产后保健操指导方法。

2. 熟练掌握产后保健操动作要领，并能指导产妇做产后保健操。

【时间安排】

1学时。

【实训地点】

妇产科实训室。条件许可时可到社区卫生服务中心（站）妇幼保健门诊。

【实训准备】

1. 产褥期保健视频及多媒体设备。

2. 检查床（做产后保健操用）。

3. 条件许可的联系好社区卫生服务中心（站）妇幼保健门诊见习。

【实训内容和步骤】

1. 观看产褥期保健视频　课前布置思考题，让学生带着问题观看视频，观看完毕后讨论。

(1) 产褥期妇女检查与监测的内容有哪些？

(2) 怎样进行产褥期妇女的生活与卫生保健指导？

(3) 应如何调适产褥期妇女的心理？

2. 产后保健操训练指导　教师先示教产后保健操动作要领和指导方法，然后学生2人为一组，分别扮演指导者和被指导者，练习产后保健操动作及指导方法，对照第5章图示（见图5-1）。条件许可的可到社区卫生服务中心（站）妇幼保健门诊见习，见习产妇做产后保健操及医护人员的指导。

(1) 第1节：深呼吸运动。平卧，深吸气，收缩腹部肌肉，维持数秒钟后呼气，全身放松。

⑵ 第 2 节：缩肛运动。平卧，两臂平直放于身体两侧，收缩肛门，维持片刻后放松，促进盆底组织恢复。

⑶ 第 3 节：抬腿运动。平卧，两臂平直放于身体两侧，双腿交替上抬和并抬，与身体成直角，锻炼腹直肌和大腿肌肉力量。

⑷ 第 4 节：腹背运动。平卧，两臂平放于身体两侧，双膝稍屈并稍分开，双足底平放在床上，尽力抬高臀部和腰部，由肩和双足支撑身体重量，锻炼腰部肌肉力量。

⑸ 第 5 节：仰卧起坐。锻炼腹直肌力量。

⑹ 第 6 节：腰部运动。跪姿，双膝分开，肩肘垂直，双手平放在床上，腰部左右旋转，运动腰部肌肉。

⑺ 第 7 节：全身运动。跪姿，双掌向下平放，双臂支撑在床上，左右腿交替向背后抬高，锻炼腿、腰背部及全身肌肉力量。

注意事项：产妇做产后保健操必须在保健人员的指导下进行；配合体力的恢复，从轻微的运动开始，逐渐地加大运动量，以不过度疲劳为限；饭后不要马上做，做操前应排尿、排便。在室内做操时，要保持空气新鲜，注意保暖，出汗后要及时擦干。

【注意事项】

1. 学生要带着问题观看产褥期保健视频，边看视频边思考，以巩固理论课内容并为实训课奠定基础。

2. 要求学生遵守实训教学纪律，认真观看教师示教，积极参加产后保健操训练指导。

3. 参加临床见习时，要遵守社区卫生服务中心（站）妇幼保健门诊的规章制度，服从安排，并要关心、理解和体贴产妇。

4. 学生要认真完成产后保健操指导实训报告，通过实训报告的书写，巩固实训课学习内容。

【实训评价】

评价方式为自评、他评、师评。评价内容如下：

1. 是否明确实训目的，并能准确描述。
2. 实训准备是否完整，产妇是否已经完成准备工作。
3. 在保健操指导过程中是否对产妇具备人文关怀，富于同情和爱心。
4. 实训过程中产妇是否配合指导者做产后保健操。
5. 做产后保健操前是否将注意事项告知产妇。

【实训作业】

产后保健操训练指导实训报告、产后保健操练习。

（王瑞珍）

二、哺乳期保健指导

【案例设计】

张女士，分娩后 10 天。自分娩后经常失眠，分娩后一直担心婴儿照顾不周会导致孩子患病，又担心孩子的生长发育不正常，还担心产后身体形态不能恢复至孕前状态；目前母乳不足。

讨论：

⑴ 针对该产妇乳汁不足，应如何进行健康指导？

(2) 如何指导该产妇适应哺乳期角色的变化以确保其身心健康？

【实训目的】

1. 学会哺乳期保健指导方法。

2. 熟练掌握哺乳方法，并能进行正确的哺乳指导。

【时间安排】

1 学时。

【实训地点】

妇产科实训室，条件许可的可到综合医院、妇产医院、妇幼保健院产妇休息室。

【实训准备】

1. 哺乳期保健视频及多媒体设备。

2. 乳房模型套装、新生儿模型。

3. 条件许可的联系好综合医院、妇产医院、妇幼保健院产妇休息室见习。

【实训内容和步骤】

1. 观看哺乳期保健视频 课前布置思考题，让学生带着问题观看视频，观看完后进行讨论。

(1) 哺乳期妇女检查与监测的项目有哪些？

(2) 如何进行哺乳期妇女的生活与卫生保健指导？

(3) 哺乳期妇女有哪些心理特点？怎样调适？

2. 哺乳方法指导 教师利用哺乳视频讲解正确哺乳方法及指导要点后，学生 2 人一组，分别扮演指导者和被指导者，被指导者穿上乳房模型套装，应用新生儿模型，练习哺乳方法及指导。条件许可时可到综合医院、妇产医院、妇幼保健院产妇休息室见习。正确哺乳的方法和注意事项：

(1) 哺乳前乳母洗净双手及乳头，按摩乳房或用热毛巾敷乳房。

(2) 选择好体位，侧卧位或坐位，对照第 6 章图示（见图 6-1 和图 6-2），全身放松，保持心情愉快。坐位哺乳时一手抱住婴儿，使婴儿头和颈略微伸展，身体贴近母亲，头与身体保持一直线，面向乳房，嘴巴对着乳头。

(3) 乳母另一只手将拇指与其余四指分别放在乳房上、下方，呈“C”形托起整个乳房，将乳头送入婴儿口中，婴儿的口唇应含接全部乳头和大部分乳晕，婴儿的舌卷住乳头，齿龈压迫乳窦。

(4) 哺乳时注意观察婴儿并与婴儿进行情感交流，鼓励婴儿吸吮。若婴儿未吃饱就打瞌睡，可以轻轻敲一下其脚掌或下颚，促使婴儿努力吸吮。

(5) 哺乳结束时用示指轻轻向下按婴儿下颏，待婴儿嘴巴松开后慢慢拉出乳头。

(6) 哺乳后将婴儿竖起直抱，头部伏在乳母肩上，轻拍背部 1 ~ 2 分钟，让婴儿胃内空气排出，以防溢乳。

(7) 每次吸吮先吸空一侧乳房，再吸吮另一侧乳房；要吸空双侧乳房，未吸完者应将乳汁挤出。方法：拇指与其余四指相对放在乳晕上，向胸壁方向有节奏地挤压和放松，将乳窦内乳汁挤出。

(8) 哺乳后将少量乳汁涂在乳头上，以保护皮肤，防止发生皲裂。

【注意事项】

1. 学生要带着问题观看哺乳期保健视频，边看视频边思考，以巩固理论课内容并为实训课奠定基础。

2. 要求学生遵守实训教学纪律，认真观看教师示教，积极参加哺乳方法指导训练。

3. 参加临床见习时，要遵守综合医院、妇产医院、妇幼保健院的规章制度，服从安排，并要关心、爱护产妇和婴儿。

4. 学生要认真完成哺乳方法指导实训报告，通过实训报告的书写，巩固实训课学习内容。

【实训评价】

评价方式为自评、他评、师评。评价内容如下：

1. 是否明确实训目的，并能准确描述。

2. 实训准备是否完整，产妇是否已经完成准备工作。

3. 在哺乳方法指导过程中是否对产妇具备人文关怀，富于同情和爱心。

4. 在哺乳方法指导过程中产妇是否配合指导者。

5. 在进行哺乳方法指导时是否将注意事项告知产妇。

【实训作业】

哺乳方法指导实训报告。

（段慧琴）

实训 4　新生儿抚触、婴儿游泳

【案例设计】

黄女士，28 岁，3 天前顺产娩出一足月女婴，体重 3500g，今日准备出院，黄女士向护士咨询新生儿抚触和婴儿游泳的有关知识。

讨论：

(1) 新生儿能进行抚触和游泳吗？如果可以，抚触和游泳对婴儿有哪些好处？

(2) 如何向王女士及家属示范新生儿抚触和婴儿游泳的方法？

(3) 如何向王女士及家属进行新生儿保健的健康宣教？

【实训目的】

1. 学会新生儿抚触、婴儿游泳的指导方法。

2. 熟练掌握新生儿抚触的动作要领。

3. 熟练掌握婴儿游泳的方法。

【时间安排】

2 学时。

【实训地点】

新生儿沐浴训练室，条件许可的可到综合医院、妇产医院、妇幼保健院产科。

【实训准备】

1. 新生儿抚触、婴儿游泳视频资料及多媒体设备。

2. 用物准备

新生儿抚触：婴儿润肤油、大毛巾、尿布及新生儿衣、裤等。

婴儿游泳：婴儿游泳专用泳圈、泳圈充气筒、防水护脐贴、护脐带、护理篮、婴儿游泳池、鱼形可漂浮式水温计、沐浴巾及新生儿衣、裤等。

3. 新生儿模型。

4. 有条件的联系好综合医院、妇产医院、妇幼保健院产科见习。

【实训内容和步骤】

1. 观看新生儿抚触、婴儿游泳视频　课前布置思考题，让学生带着问题观看视频，观看完后进行讨论。

(1) 新生儿抚触、婴儿游泳有什么好处?

(2) 新生儿抚触和婴儿游泳如何进行?

(3) 新生儿抚触和婴儿游泳的注意事项有哪些?

2. 新生儿抚触训练指导　教师示教新生儿抚触的动作要领和指导方法后，学生分组在新生儿模型练习新生儿抚触的操作，条件许可的可到综合医院、妇产医院、妇幼保健院产科见习。

新生儿抚触是一种通过触摸新生儿的皮肤和机体，刺激皮肤感受器上传到中枢神经系统，促进新生儿身心健康发育的科学育婴方法。

(1) 抚触前的准备

1) 保持适宜的房间温度（摄氏 28℃左右），确保舒适及不受干扰。

2) 采用舒适的体位，选择安静、清洁的房间，放一些柔和的音乐作背景。

3) 选择适当的时候进行抚触。婴儿不宜太饱或太饿，抚触最好在婴儿沐浴后进行。

4) 在抚触前准备好毛巾、尿布、替换的衣物，先倒一些婴儿润肤油于掌心，并相互揉搓使双手温暖。

(2) 操作步骤

1) 头部：用两手拇指从前额中央向两侧滑动；用两手拇指从下颌中央向两侧、向上滑动；两手掌面从前额发际向上、后滑动，至后下发际，并停止于两耳后乳突处，轻轻按压。

2) 胸部：两手分别从胸部的外下侧向对侧的外上侧滑动。

3) 腹部：两手分别从腹部的右下侧经中上腹滑向左上腹；右手指腹自右上腹滑向右下腹（英文字母“I”），右手指腹自右上腹经左上腹滑向左下腹（倒写的英文字母“L”），右手指腹自右下腹经右上腹、左上腹滑向左下腹（倒写的英文字母“U”），在做上述动作时要用关爱的语调说“我爱你”，传递爱和关怀。

4) 四肢：双手抓住上肢近端，边挤边滑向远端，并搓揉大肌肉群及关节，下肢与上肢相同。

5) 手足：两手拇指指腹从手掌面跟侧依次推向指侧，并提捏各手指关节。足与手相同。

6) 背部：婴儿呈俯卧位，两手掌分别于脊柱两侧由中央向身体两侧滑动；两手掌分别从颈部滑向脊柱下端。

(3) 注意事项

1) 对新生儿每次抚触 15 分钟即可，要根据婴儿的需要，一旦感觉婴儿满足了即应停止。

2) 开始时要轻轻抚触，逐渐增加压力，让婴儿慢慢适应。

3) 不要强迫婴儿保持固定姿势，如果婴儿哭了，先设法让其安静，然后才可继续。一旦婴儿哭得很厉害应停止抚触。

4) 不要让婴儿的眼睛接触润肤油。

3. 婴儿游泳训练指导　教师示教婴儿游泳操作要领和指导方法后，学生分组利用新生儿模型进行婴儿游泳操作训练，条件许可时可到综合医院、妇产医院、妇幼保健院产科见习。

婴儿游泳是指 12 个月内的婴儿（尤其是 1 个月内的新生儿）在特定的水质、水温和婴儿专用游泳圈下，由经过专门培训的人员操作和看护所进行的一项特定的、阶段性的人类水中早期保健活动。游泳使婴儿得到最自然的活动，促进消化、呼吸、循环、骨骼、肌肉等系统的生长和发育。

(1) 操作步骤

1) 将泳圈四个气囊充气，充气量在 90% 以上，检查是否漏气。

2）将 36 ～ 38℃温水注入泳池中。

3）打开泳圈插扣，将泳圈分开并套入婴儿的颈部，紧贴下颏。

4）将泳圈插扣扣紧，进行安全检查后方可进行游泳。

5）入泳池前先用防水护脐贴贴好脐部，下水前操作者用左手臂部扶着婴儿背部，右手抓住双脚，先将双下肢放在温水中游摆片刻，使婴儿适应后才将其身体放下去，让其自主蹬游。

6）泳毕将婴儿抱出水面，取下泳圈，用干净毛巾擦干水渍，放于操作台上，取下护脐贴。用 75% 乙醇消毒脐部两次，皮肤皱褶处涂以爽身粉，注意保温，穿好衣服。

⑵ 注意事项

1）室温在 28℃左右，水温在 36 ～ 38℃。吃奶后 1 小时游泳，1 ～ 2 次 / 日，每次 10 ～ 20 分钟。

2）游泳完毕后要迅速给婴儿儿擦干水渍并注意保暖。

3）婴儿游泳时，操作者必须对全过程进行监护。

4）婴儿游泳圈使用前必须进行安全检测（如婴儿颈围型号，保险插扣，是否漏气等）。

5）婴儿套好游泳圈后，检查保险插扣是否插牢，要逐渐、缓慢入水。

6）新生儿游泳完毕进行脐部消毒，必要时进行脐部包扎。

【注意事项】

1. 学生要带着问题观看新生儿抚触和婴儿游泳视频，边看视频边思考，以巩固理论课内容并为实训课奠定基础。

2. 要求学生遵守实训课教学纪律，认真观看教师示教，积极参加新生儿抚触和婴儿游泳操作训练。

3. 参加临床见习时，要遵守综合医院、妇产医院、妇幼保健院的规章制度，服从安排，并要关心、爱护新生儿（婴儿）。

4. 学生要认真完成新生儿抚触、婴儿游泳训练指导实训报告，通过实训报告的书写，巩固实训课学习内容。

【实训评价】

评价方式为自评、他评、师评。评价内容如下：

1. 是否明确实训目的，并能准确描述。

2. 实训准备是否完整。

3. 在医院见习的学生是否服从安排，对新生儿（婴儿）是否关心和爱护。

4. 进行新生儿抚触和婴儿游泳前是否将注意事项告知家属。

【实训作业】

新生儿抚触和新生儿游泳训练指导实训报告。

（段慧琴）

实训 5　预防接种

【案例设计】

欢欢，女，3 个月，母亲带其去社区卫生服务中心接种白百破三联疫苗。

讨论：

⑴ 该小儿的母亲询问接种后的注意事项，该如何进行宣教？

(2) 接种后，如果小儿出现烦躁不安，面色苍白，四肢湿冷，脉搏细速等症状，该小儿最可能发生了什么？该如何处理？

【实训目的】

1. 掌握婴儿预防接种程序，能为家长提供正确的预防接种指导。

2. 掌握各种疫苗的接种方法，能够向家长指导说明接种的相关问题。

3. 熟悉疫苗接种的注意事项。

【时间安排】

2 学时。

【实训地点】

社区卫生服务中心（站）儿童保健门诊。

【实训准备】

(1) 环境准备：接种室光线明亮，空气新鲜，温度适宜，环境清洁。

(2) 用物准备：一次性注射器（1ml、2ml）、棉签、消毒液、冷藏疫苗、药匙、凉开水，氧气、1 ∶ 1000 肾上腺素等过敏急救药品，婴儿预防接种程序表。

(3) 家长及婴儿准备：通过疫苗接种人员的宣教，家长明确接种的疫苗种类、接种的意义和接种前后的注意事项；婴儿皮肤保持清洁，接种部位无感染。

(4) 接种人员准备：熟悉疫苗接种方法、部位、接种禁忌证、接种反应的观察与处理等；具有无菌观念与技术；做好家长宣教、解释工作。

(5) 条件许可的联系好社区卫生服务中心（站）儿童保健门诊见习。

【实训内容和步骤】

1. 查看婴儿预防接种本，询问婴儿既往史、过敏史、疾病史，确定接种疫苗，排除接种禁忌。

2. 穿戴整洁衣帽、口罩，肥皂水洗手，严格无菌操作。

3. 取出疫苗，检查安瓿是否破裂，查看生产日期及有效期，查看疫苗有无浑浊、结絮、异物，冻干疫苗有无苗溶解等现象。

4. 实施接种

(1) 皮内注射法：主要用于卡介苗接种。抱紧小儿，露出小儿胳膊，取上臂三角肌中部略下处为注射部位。用注射器吸取 1 人份疫苗，排尽注射器内空气，皮肤常规消毒，待乙醇干后，左手绷紧注射部位皮肤，右手以平执式持注射器，示指固定针管，针头斜面向上，与皮肤成 5° 角刺入皮内。再用左手拇指固定针栓，然后注入疫苗，使注射部位形成一个圆形隆起的皮丘、皮肤变白、毛孔变大，注射完毕，针管以顺时针方向旋转 180° 后迅速拔出针头。

(2) 皮下注射法：主要用于麻疹疫苗接种。取上臂外侧三角肌下缘附着处为注射部位，若在小儿左上臂接种，家长取坐位，小儿应坐于家长腿上，家长左臂抱紧小儿，使小儿头部靠在家长左肩部；将小儿右臂置于家长身后；家长用右臂或两腿固定小儿双腿，右手握住小儿左手，防止在接种过程中乱动。

接种人员用相应规格注射器吸取 1 人份疫苗后，排尽注射器内空气，皮肤常规消毒，左手绷紧皮肤，右手以平执式持注射器，示指固定针栓，针头斜面向上，与皮肤成 30° ～ 40° 角，快速刺入皮下，进针长度 1/2 ～ 2/3，松左手，固定针栓，回抽无血，缓慢推注疫苗，注射毕，用消毒干棉球或干棉签压针刺处，快速拔出针头。若有回血，应更换注射部位，重新注射。

(3) 肌内注射法：主要用于接种乙肝疫苗和百白破三联疫苗。取上臂三角肌为注射部位，家长取坐位，小儿应坐于家长腿上；家长左臂抱紧小儿，使小儿头部靠在家长左肩部，将小儿右臂置于家长身后，家长用右臂或两腿固定小儿双腿，右手握住儿童左手，防止在接种过程中乱动；大年龄儿童可取坐位或立位，注射侧的手叉腰。接种人员用相应规格注射器吸取 1 人份疫苗后，排尽注射器内空气，皮肤常规消毒，左手将三角肌绷紧，右手以平执式持注射器，与皮肤成 90° 角，用前臂带动腕部的力量，将针头快速垂直刺入肌内，进针长度约为针头的 2/3，放左手，回抽无血，固定针管，缓慢推注疫苗，注射毕，用消毒干棉球或干棉签压针刺处，快速拨出针头，观察有无渗血或药液渗出，若有渗出，应将消毒干棉球或干棉签按压片刻。若有回血，应更换注射部位，重新注射。

(4) 口服法：适用于接种三价脊髓灰质炎减毒活疫苗。用消毒的药匙将脊髓灰质炎疫苗送入小儿口中（液体疫苗可直接滴入），用凉开水送服咽下。月龄小的小儿，喂服脊髓灰质炎疫苗时可将糖丸疫苗放在消毒的小药袋中，用手碾碎后放入药匙中，加少许凉开水溶解成糊状服用，或将糖丸疫苗溶于凉开水中，使其完全溶化后喂服。

口服疫苗时要看着小儿服下，如小儿服后吐出应先饮少量凉开水，休息片刻后再服。

5. 接种完毕，剩余的活疫苗要焚毁，用过的空安瓿、棉球、棉签等物品放入专用的容器内，统一处理。

6. 记录接种疫苗名称、剂量、时间、方法等，填写好预防接种本。

接种注意事项：

(1) 态度和蔼，动作轻柔，减轻或消除小儿恐惧心理。

(2) 接种最好在进食后进行，以免晕针；口服疫苗接种前后 30 分钟内不能进食。

(3) 仔细核对婴儿姓名、月（年）龄、疫苗名称。

(4) 严格排除接种禁忌证，接种前详细询问病史及有无传染病接触史。

(5) 严格按照计划免疫程序、剂量、途径、时间、次数等完成接种。

(6) 接种后要留观半小时，观察有无过敏等异常反应，如有过敏及晕针等要及时抢救。

(7) 向家长说明，对出现接种后一般的反应，如注射部位红、肿、痛、热、瘙痒，全身出现中、低度发热等，无需做特殊处理，注意休息、多饮水即可；较重的局部反应可热敷，高热者到医院就诊，予对症处理。

【注意事项】

1. 参加临床见习时，要遵守社区卫生服务中心（站）的规章制度，要服从安排，并要关心、爱护小儿。

2. 学生要认真完成预防接种实训报告，通过实训报告的书写，巩固实训课学习内容。

【实训评价】

评价方式为自评、他评、师评。评价内容如下：

1. 是否明确实训目的，并能准确描述。

2. 实训准备是否完整，家长和小儿是否已经完成准备工作。

3. 在预防接种过程中是否关心、爱护小儿。

4. 预防接种前是否将注意事项告知家长。

【实训作业】

预防接种实训报告。

（茹健萍）

参考文献

邓北柱．2009．妊娠分娩育儿1000问．赤峰：内蒙古科学技术出版社

丁辉．2009．女性生殖保健与妇科病防治．北京：新华出版社

王临虹．2014．孕产期保健技术指南．北京：人民卫生出版社

王卫平．2013．儿科学．第8版．北京：人民卫生出版社

谢幸，苟文丽．2013．妇产科学．第8版．北京：人民卫生出版社

闫金凤．2013．助产技术．北京：人民卫生出版社

杨玉杰．2008．母婴保健．第2版．北京：人民卫生出版社

张秀平．2013．母婴保健．北京：人民军医出版社

中华医学会妇产科学分会产科学组．2011．孕前和孕期保健指南．中华妇产科杂志，(46)2：150-152

附　录

附录一　中华人民共和国母婴保健法

1994年10月27日第八届全国人民代表大会常务委员会第十次会议通过
1994年10月27日中华人民共和国主席令第三十三号公布
自1995年6月1日起施行

第一章　总　　则

第一条　为了保障母亲和婴儿健康，提高出生人口素质，根据宪法，制定本法。

第二条　国家发展母婴保健事业，提供必要条件和物质帮助，使母亲和婴儿获得医疗保健服务。国家对边远贫困地区的母婴保健事业给予扶持。

第三条　各级人民政府领导母婴保健工作。母婴保健事业应当纳入国民经济和社会发展计划。

第四条　国务院卫生行政部门主管全国母婴保健工作，根据不同地区情况提出分级分类指导原则，并对全国母婴保健工作实施监督管理。国务院其他有关部门在各自职责范围内，配合卫生行政部门做好母婴保健工作。

第五条　国家鼓励、支持母婴保健领域的教育和科学研究，推广先进、实用的母婴保健技术，普及母婴保健科学知识。

第六条　对在母婴保健工作中做出显著成绩和在母婴保健科学研究中取得显著成果的组织与个人，应当给予奖励。

第二章　婚前保健

第七条　医疗保健机构应当为公民提供婚前保健服务。

婚前保健服务包括下列内容：

（一）婚前卫生指导：关于性卫生知识、生育知识和遗传病知识的教育。

（二）婚前卫生咨询：对有关婚配、生育保健等问题提供医学意见。

（三）婚前医学检查：对准备结婚的男女双方可能患影响结婚和生育的疾病进行医学检查。

第八条　婚前医学检查包括对下列疾病的检查：

（一）严重遗传性疾病。

（二）指定传染病。

（三）有关精神病。

经婚前医学检查，医疗保健机构应当出具婚前医学检查证明。

第九条 经婚前医学检查，对患指定传染病在传染期内或者有关精神病在发病期内的，医师应当提出医学意见；准备结婚的男女双方应当暂缓结婚。

第十条 经婚前医学检查，对诊断患医学上认为不宜生育的严重遗传性疾病的，医师应当向男女双方说明情况，提出医学意见；经男女双方同意，采取长效避孕措施或者施行结扎手术后不生育的，可以结婚。但《中华人民共和国婚姻法》规定禁止结婚的除外。

第十一条 接受婚前医学检查的人员对检查结果持有异议的，可以申请医学技术鉴定，取得医学鉴定证明。

第十二条 男女双方在结婚登记时，应当持有婚前医学检查证明或者医学鉴定证明。

第十三条 省、自治区、直辖市人民政府根据本地区的实际情况，制定婚前医学检查制度实施办法。

省、自治区、直辖市人民政府对婚前医学检查应当规定合理的收费标准，对边远贫困地区或者交费确有困难的人员应当给予减免。

第三章 孕产期保健

第十四条 医疗保健机构应当为育龄妇女和孕产妇提供孕产期保健服务。

孕产期保健服务包括下列内容：

（一）母婴保健指导：对孕育健康后代以及严重遗传性疾病和碘缺乏病等地方病的发病原因、治疗和预防方法提供医学意见。

（二）孕妇、产妇保健：为孕妇、产妇提供卫生、营养、心理等方面的咨询和指导以及产前定期检查等医疗保健服务。

（三）胎儿保健：为胎儿生长发育进行监护，提供咨询和医学指导。

（四）新生儿保健：为新生儿生长发育、哺乳和护理提供的医疗保健服务。

第十五条 对患严重疾病或者接触致畸物质，妊娠可能危及孕妇生命安全或者可能严重影响孕妇健康和胎儿正常发育的，医疗保健机构应当予以医学指导。

第十六条 医师发现或者怀疑患严重遗传性疾病的育龄夫妻，应当提出医学意见。育龄夫妻应当根据医师的医学意见采取相应的措施。

第十七条 经产前检查，医师发现或者怀疑胎儿异常的，应当对孕妇进行产前诊断。

第十八条 经产前诊断，有下列情形之一的，医师应当向夫妻双方说明情况，并提出终止妊娠的医学意见：

（一）胎儿患严重遗传性疾病的。

（二）胎儿有严重缺陷的。

（三）因患严重疾病，继续妊娠可能危及孕妇生命安全或者严重危害孕妇健康的。

第十九条 依照本法规定施行终止妊娠或者结扎手术，应当经本人同意，并签署意见。本人无行为能力的，应当经其监护人同意，并签署意见。

依照本法规定施行终止妊娠或者结扎手术的，接受免费服务。

第二十条 生育过严重缺陷患儿的妇女再次妊娠前，夫妻双方应当到县级以上医疗保健机构接受医学检查。

第二十一条 医师和助产人员应当严格遵守有关操作规程，提高助产技术和服务质量，预防和减少产伤。

第二十二条 不能住院分娩的孕妇应当由经过培训合格的接生人员实行消毒接生。

第二十三条　医疗保健机构和从事家庭接生的人员按照国务院卫生行政部门的规定，出具统一制发的新生儿出生医学证明；有产妇和婴儿死亡以及新生儿出生缺陷情况的，应当向卫生行政部门报告。

第二十四条　医疗保健机构为产妇提供科学育儿、合理营养和母乳喂养的指导。

医疗保健机构对婴儿进行体格检查和预防接种，逐步开展新生儿疾病筛查、婴儿多发病和常见病防治等医疗保健服务。

第四章　技 术 鉴 定

第二十五条　县级以上地方人民政府可以设立医学技术鉴定组织，负责对婚前医学检查、遗传病诊断和产前诊断结果有异议的进行医学技术鉴定。

第二十六条　从事医学技术鉴定的人员，必须具有临床经验和医学遗传学知识，并具有主治医师以上的专业技术职务。

医学技术鉴定组织的组成人员，由卫生行政部门提名，同级人民政府聘任。

第二十七条　医学技术鉴定实行回避制度。凡与当事人有利害关系，可能影响公正鉴定的人员，应当回避。

第五章　行 政 管 理

第二十八条　各级人民政府应当采取措施，加强母婴保健工作，提高医疗保健服务水平，积极防治由环境因素所致严重危害母亲和婴儿健康的地方性高发性疾病，促进母婴保健事业的发展。

第二十九条　县级以上地方人民政府卫生行政部门管理本行政区域内的母婴保健工作。

第三十条　省、自治区、直辖市人民政府卫生行政部门指定的医疗保健机构负责本行政区域内的母婴保健监测和技术指导。

第三十一条　医疗保健机构按照国务院卫生行政部门的规定，负责其职责范围内的母婴保健工作，建立医疗保健工作规范，提高医学技术水平，采取各种措施方便人民群众，做好母婴保健服务工作。

第三十二条　医疗保健机构依照本法规定开展婚前医学检查、遗传病诊断、产前诊断以及施行结扎手术和终止妊娠手术的，必须符合国务院卫生行政部门规定的条件和技术标准，并经县级以上地方人民政府卫生行政部门许可。

严禁采用技术手段对胎儿进行性别鉴定，但医学上确有需要的除外。

第三十三条　从事本法规定的遗传病诊断、产前诊断的人员，必须经过省、自治区、直辖市人民政府卫生行政部门的考核，并取得相应的合格证书。

从事本法规定的婚前医学检查、施行结扎手术和终止妊娠手术的人员以及从事家庭接生的人员，必须经过县级以上地方人民政府卫生行政部门的考核，并取得相应的合格证书。

第三十四条　从事母婴保健工作的人员应当严格遵守职业道德，为当事人保守秘密。

第六章　法 律 责 任

第三十五条　未取得国家颁发的有关合格证书的，有下列行为之一，县级以上地方人民政府卫生行政部门应当予以制止，并可以根据情节给予警告或者处以罚款：

（一）从事婚前医学检查、遗传病诊断、产前诊断或者医学技术鉴定的。

（二）施行终止妊娠手术的。

（三）出具本法规定的有关医学证明的。

上款第（三）项出具的有关医学证明无效。

第三十六条　未取得国家颁发的有关合格证书，施行终止妊娠手术或者采取其他方法终止妊娠，致人死亡、残疾、丧失或者基本丧失劳动能力的，依照刑法第一百三十四条、第一百三十五条的规定追究刑事责任。

第三十七条　从事母婴保健工作的人员违反本法规定，出具有关虚假医学证明或者进行胎儿性别鉴定的，由医疗保健机构或者卫生行政部门根据情节给予行政处分；情节严重的，依法取消执业资格。

第七章　附　则

第三十八条　本法下列用语的含义：

指定传染病，是指《中华人民共和国传染病防治法》中规定的艾滋病、淋病、梅毒、麻风病以及医学上认为影响结婚和生育的其他传染病。

严重遗传性疾病，是指由于遗传因素先天形成，患者全部或者部分丧失自主生活能力，后代再现风险高，医学上认为不宜生育的遗传性疾病。

有关精神病，是指精神分裂症、躁狂抑郁型精神病及其他重型精神病。

产前诊断，是指对胎儿进行先天性缺陷和遗传性疾病的诊断。

第三十九条　本法自 1995 年 6 月 1 日起施行。

附录二　中华人民共和国母婴保健法实施办法

国务院令第 308 号

颁布日期：20010620　实施日期：20010620　颁布单位：国务院

第一章　总　则

第一条　根据《中华人民共和国母婴保健法》（以下简称母婴保健法），制定本办法。

第二条　在中华人民共和国境内从事母婴保健服务活动的机构及其人员应当遵守母婴保健法和本办法。

从事计划生育技术服务的机构开展计划生育技术服务活动，依照《计划生育技术服务管理条例》的规定执行。

第三条　母婴保健技术服务主要包括下列事项：

（一）有关母婴保健的科普宣传、教育和咨询。

（二）婚前医学检查。

（三）产前诊断和遗传病诊断。

（四）助产技术。

（五）实施医学上需要的节育手术。

（六）新生儿疾病筛查。

（七）有关生育、节育、不育的其他生殖保健服务。

第四条　公民享有母婴保健的知情选择权。国家保障公民获得适宜的母婴保健服务的权利。

第五条　母婴保健工作以保健为中心，以保障生殖健康为目的，实行保健和临床相结合，面向群体、面向基层和预防为主的方针。

第六条　各级人民政府应当将母婴保健工作纳入本级国民经济和社会发展计划，为母婴保健事业的发展提供必要的经济、技术和物质条件，并对少数民族地区、贫困地区的母婴保健事业给予特殊支持。

县级以上地方人民政府根据本地区的实际情况和需要，可以设立母婴保健事业发展专项资金。

第七条　国务院卫生行政部门主管全国母婴保健工作，履行下列职责：

（一）制定母婴保健法及本办法的配套规章和技术规范。

（二）按照分级分类指导的原则，制定全国母婴保健工作发展规划和实施步骤。

（三）组织推广母婴保健及其他生殖健康的适宜技术。

（四）对母婴保健工作实施监督。

第八条　县级以上各级人民政府财政、公安、民政、教育、劳动保障、计划生育等部门应当在各自职责范围内，配合同级卫生行政部门做好母婴保健工作。

第二章　婚 前 保 健

第九条　母婴保健法第七条所称婚前卫生指导，包括下列事项：

（一）有关性卫生的保健和教育。

（二）新婚避孕知识及计划生育指导。

（三）受孕前的准备、环境和疾病对后代影响等孕前保健知识。

（四）遗传病的基本知识。

（五）影响婚育的有关疾病的基本知识。

（六）其他生殖健康知识。

医师进行婚前卫生咨询时，应当为服务对象提供科学的信息，对可能产生的后果进行指导，并提出适当的建议。

第十条　在实行婚前医学检查的地区，准备结婚的男女双方在办理结婚登记前，应当到医疗、保健机构进行婚前医学检查。

第十一条　从事婚前医学检查的医疗、保健机构，由其所在地设区的市级人民政府卫生行政部门进行审查；符合条件的，在其《医疗机构执业许可证》上注明。

第十二条　申请从事婚前医学检查的医疗、保健机构应当具备下列条件：

（一）分别设置专用的男、女婚前医学检查室，配备常规检查和专科检查设备。

（二）设置婚前生殖健康宣传教育室。

（三）具有符合条件的进行男、女婚前医学检查的执业医师。

第十三条　婚前医学检查包括询问病史、体格及相关检查。

婚前医学检查应当遵守婚前保健工作规范并按照婚前医学检查项目进行。婚前保健工作规范和婚前医学检查项目由国务院卫生行政部门规定。

第十四条　经婚前医学检查，医疗、保健机构应当向接受婚前医学检查的当事人出具婚前医学检查证明。

婚前医学检查证明应当列明是否发现下列疾病：

（一）在传染期内的指定传染病。

（二）在发病期内的有关精神病。

（三）不宜生育的严重遗传性疾病。

（四）医学上认为不宜结婚的其他疾病。

发现前款第（一）项、第（二）项、第（三）项疾病的，医师应当向当事人说明情况，提出预防、治疗以及采取相应医学措施的建议。当事人依据医生的医学意见，可以暂缓结婚，也可以自愿采用长效避孕措施或者结扎手术；医疗、保健机构应当为其治疗提供医学咨询和医疗服务。

第十五条　经婚前医学检查，医疗、保健机构不能确诊的，应当转到设区的市级以上人民政府卫生行政部门指定的医疗、保健机构确诊。

第十六条　在实行婚前医学检查的地区，婚姻登记机关在办理结婚登记时，应当查验婚前医学检查证明或者母婴保健法第十一条规定的医学鉴定证明。

第三章　孕产期保健

第十七条　医疗、保健机构应当为育龄妇女提供有关避孕、节育、生育、不育和生殖健康的咨询和医疗保健服务。

医师发现或者怀疑育龄夫妻患有严重遗传性疾病的，应当提出医学意见；限于现有医疗技术水平难以确诊的，应当向当事人说明情况。育龄夫妻可以选择避孕、节育、不孕等相应的医学措施。

第十八条　医疗、保健机构应当为孕产妇提供下列医疗保健服务：

（一）为孕产妇建立保健手册（卡），定期进行产前检查。

（二）为孕产妇提供卫生、营养、心理等方面的医学指导与咨询。

（三）对高危孕妇进行重点监护、随访和医疗保健服务。

（四）为孕产妇提供安全分娩技术服务。

（五）定期进行产后访视，指导产妇科学喂养婴儿。

（六）提供避孕咨询指导和技术服务。

（七）对产妇及其家属进行生殖健康教育和科学育儿知识教育。

（八）其他孕产期保健服务。

第十九条　医疗、保健机构发现孕妇患有下列严重疾病或者接触物理、化学、生物等有毒、有害因素，可能危及孕妇生命安全或者可能严重影响孕妇健康和胎儿正常发育的，应当对孕妇进行医学指导和下列必要的医学检查：

（一）严重的妊娠合并症或者并发症。

（二）严重的精神性疾病。

（三）国务院卫生行政部门规定的严重影响生育的其他疾病。

第二十条　孕妇有下列情形之一的，医师应当对其进行产前诊断；

（一）羊水过多或者过少的。

（二）胎儿发育异常或者胎儿有可疑畸形的。

（三）孕早期接触过可能导致胎儿先天缺陷的物质的。

（四）有遗传病家族史或者曾经分娩过先天性严重缺陷婴儿的。

（五）初产妇年龄超过35周岁的。

第二十一条　母婴保健法第十八条规定的胎儿的严重遗传性疾病、胎儿的严重缺陷、孕妇患继续妊娠可能危及其生命健康和安全的严重疾病目录，由国务院卫生行政部门规定。

第二十二条　生育过严重遗传性疾病或者严重缺陷患儿的，再次妊娠前，夫妻双方应当按照国家有关规定到医疗、保健机构进行医学检查。医疗、保健机构应当向当事人介绍有关遗传性疾病的知识，给予咨询、指导。对诊断患有医学上认为不宜生育的严重遗传性疾病的，医师应当向当事人说明情况，并提出医学意见。

第二十三条　严禁采用技术手段对胎儿进行性别鉴定。

对怀疑胎儿可能为伴性遗传病，需要进行性别鉴定的，由省、自治区、直辖市人民政府卫生行政部门指定的医疗、保健机构按照国务院卫生行政部门的规定进行鉴定。

第二十四条　国家提倡住院分娩。医疗、保健机构应当按照国务院卫生行政部门制定的技术操作规范，实施消毒接生和新生儿复苏，预防产伤及产后出血等产科并发症，降低孕产妇及围生儿发病率、死亡率。

没有条件住院分娩的，应当由经县级地方人民政府卫生行政部门许可并取得家庭接生员技术证书的人员接生。

高危孕妇应当在医疗、保健机构住院分娩。

第四章　婴儿保健

第二十五条　医疗、保健机构应当按照国家有关规定开展新生儿先天性、遗传性代谢病筛查、诊断、治疗和监测。

第二十六条　医疗、保健机构应当按照规定进行新生儿访视，建立儿童保健手册（卡），定期对其进行健康检查，提供有关预防疾病、合理膳食、促进智力发育等科学知识，做好婴儿多发病、常见病防治等医疗保健服务。

第二十七条　医疗、保健机构应当按照规定的程序和项目对婴儿进行预防接种。

婴儿的监护人应当保证婴儿及时接受预防接种。

第二十八条　国家推行母乳喂养。医疗、保健机构应当为实施母乳喂养提供技术指导，为住院分娩的产妇提供必要的母乳喂养条件。

医疗、保健机构不得向孕产妇和婴儿家庭宣传、推荐母乳代用品。

第二十九条　母乳代用品产品包装标签应当在显著位置标明母乳喂养的优越性。

母乳代用品生产者、销售者不得向医疗、保健机构赠送产品样品或者以推销为目的有条件地提供设备、资金和资料。

第三十条　妇女享有国家规定的产假。有不满 1 周岁婴儿的妇女，所在单位应当在劳动时间内为其安排一定的哺乳时间。

第五章　技术鉴定

第三十一条　母婴保健医学技术鉴定委员会分为省、市、县三级。

母婴保健医学技术鉴定委员会成员应当符合下列任职条件：

（一）县级母婴保健医学技术鉴定委员会成员应当具有主治医师以上专业技术职务。

（二）设区的市级和省级母婴保健医学技术鉴定委员会成员应当具有副主任医师以上专业技术职务。

第三十二条　当事人对婚前医学检查、遗传病诊断、产前诊断结果有异议，需要进一步确诊的，可以自接到检查或者诊断结果之日起 15 日内向所在地县级或者设区的市级母婴保健医学技术鉴定委员会提出书面鉴定申请。

母婴保健医学技术鉴定委员会应当自接到鉴定申请之日起30日内作出医学技术鉴定意见，并及时通知当事人。

当事人对鉴定意见有异议的，可以自接到鉴定意见通知书之日起15日内向上一级母婴保健医学技术鉴定委员会申请再鉴定。

第三十三条　母婴保健医学技术鉴定委员会进行医学鉴定时须有5名以上相关专业医学技术鉴定委员会成员参加。

鉴定委员会成员应当在鉴定结论上署名；不同意见应当如实记录。鉴定委员会根据鉴定结论向当事人出具鉴定意见书。

母婴保健医学技术鉴定管理办法由国务院卫生行政部门制定。

第六章　监 督 管 理

第三十四条　县级以上地方人民政府卫生行政部门负责本行政区域内的母婴保健监督管理工作，履行下列监督管理职责：

（一）依照母婴保健法和本办法以及国务院卫生行政部门规定的条件和技术标准，对从事母婴保健工作的机构和人员实施许可，并核发相应的许可证书。

（二）对母婴保健法和本办法的执行情况进行监督检查。

（三）对违反母婴保健法和本办法的行为，依法给予行政处罚。

（四）负责母婴保健工作监督管理的其他事项。

第三十五条　从事遗传病诊断、产前诊断的医疗、保健机构和人员，须经省、自治区、直辖市人民政府卫生行政部门许可。

从事婚前医学检查的医疗、保健机构和人员，须经设区的市级人民政府卫生行政部门许可。

从事助产技术服务、结扎手术和终止妊娠手术的医疗、保健机构和人员以及从事家庭接生的人员，须经县级人民政府卫生行政部门许可，并取得相应的合格证书。

第三十六条　卫生监督人员在执行职务时，应当出示证件。

卫生监督人员可以向医疗、保健机构了解情况，索取必要的资料，对母婴保健工作进行监督、检查，医疗、保健机构不得拒绝和隐瞒。

卫生监督人员对医疗、保健机构提供的技术资料负有保密的义务。

第三十七条　医疗、保健机构应当根据其从事的业务，配备相应的人员和医疗设备，对从事母婴保健工作的人员加强岗位业务培训和职业道德教育，并定期对其进行检查、考核。

医师和助产人员（包括家庭接生人员）应当严格遵守有关技术操作规范，认真填写各项记录，提高助产技术和服务质量。

助产人员的管理，按照国务院卫生行政部门的规定执行。

从事母婴保健工作的执业医师应当依照母婴保健法的规定取得相应的资格。

第三十八条　医疗、保健机构应当按照国务院卫生行政部门的规定，对托幼园、所卫生保健工作进行业务指导。

第三十九条　国家建立孕产妇死亡、婴儿死亡和新生儿出生缺陷监测、报告制度。

第七章　罚　　则

第四十条　医疗、保健机构或者人员未取得母婴保健技术许可，擅自从事婚前医学检查、遗传病诊断、产前诊断、终止妊娠手术和医学技术鉴定或者出具有关医学证明的，由卫生行政部门给予警告，责令停止违法行为，没收违法所得；违法所得 5000 元以上的，并处违法所得 3 倍以上 5 倍以下的罚款；没有违法所得或者违法所得不足 5000 元的，并处 5000 元以上 2 万元以下的罚款。

第四十一条　从事母婴保健技术服务的人员出具虚假医学证明文件的，依法给予行政处分；有下列情形之一的，由原发证部门撤销相应的母婴保健技术执业资格或者医师执业证书：

（一）因延误诊治，造成严重后果的。

（二）给当事人身心健康造成严重后果的。

（三）造成其他严重后果的。

第四十二条　违反本办法规定进行胎儿性别鉴定的，由卫生行政部门给予警告，责令停止违法行为；对医疗、保健机构直接负责的主管人员和其他直接责任人员，依法给予行政处分。进行胎儿性别鉴定两次以上的或者以营利为目的进行胎儿性别鉴定的，并由原发证机关撤销相应的母婴保健技术执业资格或者医师执业证书。

第八章　附　　则

第四十三条　婚前医学检查证明的格式由国务院卫生行政部门规定。

第四十四条　母婴保健法及本办法所称的医疗、保健机构，是指依照《医疗机构管理条例》取得卫生行政部门医疗机构执业许可的各级各类医疗机构。

第四十五条　本办法自公布之日起施行。

教学基本要求

（供助产专业使用）

一、课程性质和任务

母婴保健是中等卫生职业教育助产专业一门重要的专业课程。本课程的主要内容包括妊娠前期保健、妊娠期保健、分娩期保健、产褥期保健、哺乳期保健、新生儿期保健和婴儿期保健。本课程的任务是使学生掌握现代母婴保健的基本理论、基本知识和基本技能，具备向个体、家庭、社区提供母婴保健服务和开展健康教育的能力，以家庭为中心全方位地维护和促进母婴健康。

二、课 程 目 标

（一）知识教学目标

1. 掌握母婴各期的保健内容和措施。
2. 熟悉母婴各期的保健目的、意义。
3. 熟悉爱母分娩行动的理论基础和实施要点，掌握导乐陪伴分娩的服务理念和实施要点。
4. 了解母婴各期的生理、心理及社会、行为特点。

（二）专业技能目标

1. 熟练掌握母婴保健常用的护理技术操作。
2. 具备向个体、家庭、社区提供母婴保健服务和开展健康教育的能力。

（三）职业素养目标

1. 具有良好的职业道德，尊重母婴保健对象及其家庭的信仰，理解母婴保健对象及其家庭的人文背景和文化价值观念，尊重母婴保健对象的人格，保护母婴保健对象及其家庭隐私。
2. 具有良好的法律意识和医疗安全意识，遵守有关医疗卫生的法律法规，依法为母婴保健对象实施保健服务。
3. 具有良好的人际沟通能力和团队合作精神，树立全心全意为母婴保健对象服务的意识。

三、教学时间分配

课程内容	时间安排		
	理论	实践	合计
第1章　绪论	2	0	2
第2章　妊娠前期保健	2	0	2
第3章　妊娠期保健	6	2	8
第4章　分娩期保健	8	2	10
第5章　产褥期保健	2	1	3
第6章　哺乳期保健	2	1	3
第7章　新生儿期保健	2	2	4
第8章　婴儿期保健	2	2	4
合计	26	10	36

四、教学内容和要求

教学内容	教学要求	教学活动	参考学时	
			理论	实践
第1章　绪论				
第1节　母婴保健工作的范围、内容和重要性		理论讲授	2	
一、工作范围和内容	掌握	多媒体演示		
二、工作的重要性	熟悉	点拨自学		
第2节　母婴保健工作的专业组织和管理机构				
一、母婴保健工作的专业组织机构	熟悉			
二、母婴保健工作的管理机构	熟悉			
第3节　母婴保健工作的现状和发展趋势				
一、母婴保健工作的现状	熟悉			
二、母婴保健工作的发展趋势	了解			
附：母婴保健工作的统计和评价指标				
第2章　妊娠前期保健				
第1节　妊娠前期的生理、心理及社会特点		理论讲授	2	
一、妊娠前期的生理特点	了解	多媒体演示		
二、妊娠前期的心理及社会特点	了解	讨论		
第2节　妊娠前期保健的内容和措施		角色扮演		
一、妊娠前期保健的目的、意义	熟悉	情景教学		
二、保健内容和措施	掌握			

续表

教学内容	教学要求	教学活动	参考学时	
			理论	实践
第3章　妊娠期保健				
第1节　早期妊娠保健		理论讲授	6	
一、早期妊娠的生理、心理及社会特点		多媒体演示		
（一）早期妊娠孕妇的生理、心理及社会特点	了解	讨论		
（二）早期妊娠胚胎和胎儿的生理特点	了解	角色扮演		
二、早期妊娠的保健				
（一）早期妊娠的保健目的、意义	熟悉	情景教学		
（二）早期妊娠的保健内容和措施	掌握	案例分析		
第2节　中期妊娠保健				
一、中期妊娠的生理、心理及社会特点				
（一）中期妊娠孕妇的生理、心理及社会特点	了解			
（二）中期妊娠胎儿的生理变化特点	了解			
二、中期妊娠的保健内容和措施				
（一）中期妊娠的保健目的、意义	熟悉			
（二）中期妊娠的保健内容和措施	掌握			

教学内容	教学要求	教学活动	参考学时	
			理论	实践
第3节　晚期妊娠保健				
一、晚期妊娠的生理、心理及社会特点				
（一）晚期妊娠孕妇的生理、心理及社会特点	了解			
（二）晚期妊娠胎儿的生理特点	了解			
二、晚期妊娠的保健				
（一）晚期妊娠保健的目的、意义	熟悉			
（二）晚期妊娠的保健内容和措施	掌握			
第4节　孕产妇的管理				
一、孕产妇系统保健的三级管理	了解			
二、使用孕产妇系统保健手册	了解			
三、对高危妊娠的筛查、监护和管理	了解			
第4章　分娩期保健				
第1节　分娩期保健原则		理论讲授	8	
一、产妇分娩方式的选择	熟悉	多媒体演示		
二、四消毒、四严、五防、三不准、一加强	熟悉	讨论		
第2节　第一产程保健				
一、第一产程生理、心理及社会特点		角色扮演		

续表

教学内容	教学要求	教学活动	参考学时	
			理论	实践
（一）第一产程产妇的生理、心理及社会特点	了解	情景教学		
（二）第一产程胎儿的生理特点	了解	案例分析		
二、第一产程的保健				
（一）第一产程保健的目的、意义	熟悉			
（二）第一产程保健的内容和措施	掌握			
第3节　第二产程保健				
一、第二产程生理、心理及社会特点				
（一）第二产程产妇的生理、心理及社会特点	了解			
（二）第二产程胎儿的生理特点	了解			
二、第二产程的保健				
（一）第二产程保健的目的、意义	熟悉			
（二）第二产程保健的内容和措施	掌握			
第4节　第三产程保健				
一、第三产程生理、心理及社会特点				
（一）第三产程产妇的生理、心理及社会特点	了解			

教学内容	教学要求	教学活动	参考学时	
			理论	实践
（二）新生儿的生理特点	了解			
二、第三产程保健的内容和措施				
（一）第三产程保健的目的、意义	熟悉			
（二）第三产程保健的内容和措施	掌握			
第5节　爱母分娩行动与导乐陪伴分娩				
一、爱母分娩行动				
（一）概述	了解			
（二）“爱母分娩行动”的理论基础	熟悉			
（三）“爱母分娩行动”的实施要点	掌握			
二、导乐陪伴分娩				
（一）概述	了解			
（二）导乐陪伴分娩的特点	掌握			
（三）导乐陪伴分娩的具体实施	掌握			
（四）导乐陪伴分娩临床研究现状	了解			
第5章　产褥期保健				
第1节　产褥期的生理、心理及社会特点		理论讲授	2	
一、产褥期的生理特点	了解	多媒体演示		
二、产褥期的心理及社会特点	了解	讨论		
第2节　产褥期保健		角色扮演		

续表

教学内容	教学要求	教学活动	参考学时 理论	参考学时 实践
一、产褥期保健的目的、意义	熟悉	情景教学		
二、保健内容和措施	掌握	案例分析		
第6章 哺乳期保健				
第1节 哺乳期的生理、心理及社会特点		理论讲授	2	
一、哺乳期的生理特点	了解	多媒体演示		
二、哺乳期的心理及社会特点	了解	讨论		
第2节 哺乳期保健的内容和措施		案例分析		
（一）哺乳期的保健目的、意义	熟悉			
（二）哺乳期的保健内容和措施	掌握			
第7章 新生儿期保健				
第1节 新生儿的生理、心理及行为特点		理论讲授	2	
一、新生儿的生理特点	了解	多媒体演示		
二、新生儿的心理及行为特点	了解	讨论		
第2节 新生儿期保健的内容和措施		案例分析		
一、新生儿期的保健目的、意义	熟悉			
二、保健内容和措施	掌握			
第8章 婴儿期保健				
第1节 婴儿的生理、心理及行为特点	了解	理论讲授 多媒体演示	2	
一、婴儿的生理特点	了解	讨论		
二、婴儿的心理及行为特点				
第2节 婴儿期保健的内容和措施		案例分析		
一、婴儿期保健的目的、意义	熟悉			
二、保健内容和措施	掌握			
实训1 妊娠期保健指导	熟练掌握	观看录像 多媒体演示 见习、训练 角色扮演	2	
实训2 分娩期保健指导	熟练掌握	观看录像 多媒体演示 见习、训练	2	
实训3 产褥期、哺乳期保健指导	熟练掌握	观看录像 多媒体演示 见习、训练	2	
实训4 新生儿抚触、婴儿游泳	熟练掌握	观看录像 多媒体演示 见习、训练	2	
实训5 预防接种	熟练掌握	观看录像 多媒体演示 见习、训练	2	

五、大纲说明

（一）适用对象与参考学时

本教学大纲主要供中等卫生职业教育助产专业教学使用，适宜已学产科学及护理、妇科护理、儿科护理的基础上学习，突出母婴保健的理念和服务。总学时为 36 学时，其中理论教学 26 学时，实训教学 10 学时。

（二）教学要求

本课程对理论教学内容要求分为掌握、熟悉、了解三个层次。掌握：指对所学知识能熟练、灵活运用，能综合分析、解决实践工作中的实际问题。熟悉：指对所学知识基本掌握，会应用所学的知识。了解：对所学的知识有一定的记忆和理解。本课程还突出以能力为本位的教学理念，在实训技能教学分为熟练掌握和学会 2 个层次。熟练掌握：指能独立、规范进行操作和在实践中运用所学技能。学会：指在老师指导下，能正确进行操作。

（三）教学建议

1. 教师在教学过程中，树立“以就业为导向，以能力为本位，以发展技能为核心”的职业教育理念，重视理论和实训相结合，根据教学内容采用灵活多样的教学方法，调动学生学习的热情，提高学生自主学习的积极性，启迪学生的思维，加深对教学内容的理解和掌握。

2. 充分利用教学实训基地进行实训教学，重视学生动手能力和人际沟通能力的训练，注重学生专业素质和形象的培养。

3. 学生知识水平和能力水平的测试，可通过课堂提问、作业、平时测验、实训技能考核和考试等多种形式，综合评价学生的成绩。

4. 本课程教学中应注意与产科学护理、妇科护理、儿科护理等学科部分内容的衔接，避免出现缺陷。

自测题参考答案

第 1 章

1.B 2.E 3.E 4.E 5.A 6.B 7.E 8.C 9.B 10.E 11.A 12.D

第 2 章

1.B 2.D 3.E 4.B 5.C 6.A 7.B 8.E 9.E 10.C 11.B 12.E 13.E 14.D

第 3 章

1.A 2. B 3.B 4.E 5.C 6.B 7.D 8.E 9.A 10.B 11.C 12.C 13.D 14.B 15.C 16.C 17.C 18.E 19.A 20.B 21.E 22.D 23.D 24.D 25.E 26.D 27.C 28.B 29.A 30.D 31.B 32.D 33.A 34.D 35.E 36.C 37.D 38.D 39.C 40.B 41.A 42.A 43.E 44.D 45.C 46.C 47.B 48.E 49.A 50.D 51.D

第 4 章

1.D 2.D 3.E 4.D 5.A 6.B 7.C 8.B 9.E 10.C 11.C 12.C 13.D 14.B 15.A 16.B 17.E 18.E 19.A 20.C 21.E 22.D 23.C 24.D 25.A 26.B 27.C 28.B 29.E 30.D 31.B 32.D 33.C 34.B 35. E 36.A 37.C 38.E 39.D 40.C 41.B 42.B 43.A 44.C 45.E 46.D 47.A 48.E 49.C 50.C 51.E 52.A 53.C

第 5 章

1.B 2.D 3.E 4.B 5.E 6.C 7.D 8.C 9.D 10.A 11.D 12.E

第 6 章

1.D 2.E 3.C 4.B 5.E 6.B 7.E 8.A 9.D 10.E 11.A 12.C 13.E 14.E 15.E

第 7 章

1.C 2.D 3.A 4.C 5.B 6.D 7.A 8.E 9.B 10.C 11.E 12.D 13.C 14.A

第 8 章

1.B 2.D 3.A 4.B 5.B 6.E 7.A 8.B 9.B 10.D 11.D 12.E 13.C 14.E 15.D 16.A 17.D 18.C